Hannes

Roman in Einfacher Sprache

Spaß am Lesen Verlag
www.einfachebuecher.de

Diese Ausgabe ist eine Bearbeitung des Buches
Hannes von Rita Falk.
Lizenzausgabe mit Genehmigung der dtv Verlagsgesellschaft, München

Text Originalfassung: Rita Falk
Text in Einfacher Sprache: Judith Kutzner
Redaktion und Gestaltung: Spaß am Lesen Verlag

ISBN 978-3-947185-59-7

Rita Falk

Hannes

Roman in Einfacher Sprache

Schwierige Wörter oder Ausdrücke sind unterstrichen. Die Erklärungen stehen in der Wörter-Liste am Ende des Buches.

Inhalt

Personen

Uli Vorholzner
Er erzählt diese Geschichte. Uli arbeitet in einem Heim für psychisch kranke Menschen.

Hannes Ellmeier
Der beste Freund von Uli. Hannes hatte einen Motorrad-Unfall.

Frau und Herr Ellmeier
Das sind die Eltern von Hannes.

Doktor „Schnauzbart"
Er ist Arzt in dem Krankenhaus, in dem Hannes liegt.

Schwester Walrika
Eine ältere Nonne. Sie leitet das Heim, in dem Uli arbeitet.

Frau Stemmerle
eine Heim-Bewohnerin, mit der Uli sich anfreundet

Nele
die Freundin von Hannes

Rick, Kalle und Brenninger
Freunde von Uli und Hannes

Dr. Iris Redlich
die Psychologin im Heim

Florian
Ein junger Heim-Bewohner, der nur sehr wenig spricht. Aber er kann gut mit Pflanzen umgehen und arbeitet deshalb gerne im Garten.

Zina
eine junge Frau, die sich in Florian verliebt

Februar – der Unfall

Ich bin Uli, ein ganz normaler junger Mann.
Mein bester Freund Hannes und ich
kennen uns seit der Kindheit.

In der Schule haben wir immer
viel Unsinn gemacht.
Wir mussten oft nachsitzen
und irgendwelche Extra-Aufgaben schreiben.
Als Jugendliche haben wir dann Bier und Zigaretten
ausprobiert, so wie alle anderen auch.
Und als das mit den Mädchen anfing,
haben wir uns gegenseitig Tipps gegeben.
Manchmal haben wir auch gewettet:
Wer schafft es als Erster,
ein Mädchen rumzukriegen?

Und unser erster gemeinsamer Urlaub!
Das war zu Hannes 18. Geburtstag.
Wir beide und unsere Freunde – ab nach Spanien!
Zum ersten Mal waren wir ohne Eltern unterwegs
und konnten machen, was wir wollten.
Ja, Hannes und ich haben bis jetzt
unser ganzes Leben zusammen verbracht.

Jetzt liegt Hannes im Krankenhaus.
Im Koma.

Anfang Februar sind wir beide
mit unseren Motorrädern rausgefahren.
Das ist eigentlich ein bisschen zu früh im Jahr,
um Motorrad zu fahren.
Aber es war so ein schöner, sonniger Tag.
Hannes und ich fanden die Idee gut.
An diesem Tag wollten wir die erste Motorrad-Tour
des Jahres machen.
Dabei ist Hannes dann verunglückt.
Wie das passiert ist, weiß ich immer noch nicht.

Ich bin vor ihm auf der Straße gefahren.
Nach einer langen Kurve habe ich mich gewundert,
wo Hannes so lange bleibt.
Also bin ich zurückgefahren.
Da habe ich Hannes dann auf der Straße gefunden.
Er war mit dem Motorrad gestürzt
und hatte sich schwer verletzt.

An die nächsten Wochen kann ich mich
kaum erinnern.
Mein Kopf war total leer.
Nur dieses eine Bild war immer wieder da:
wie Hannes blutend auf der Straße liegt.
Dann hatte ich immer
so einen komischen Schmerz in mir drin.
Die meiste Zeit war ich wie betäubt.
Ich weiß fast nicht, was in der Zeit so passiert ist.

Seit sechs Wochen liegt Hannes jetzt im Koma.
Die Ärzte wissen nicht, wann er aufwachen wird.
Oder ob er überhaupt noch einmal
aufwachen wird.
Ich werde noch verrückt
wegen dieser Ungewissheit.
Deshalb habe ich heute angefangen,
Briefe an meinen Freund Hannes zu schreiben.
Ich schreibe einfach alles auf, was so passiert.
Und wenn Hannes aufwacht,
kann er die Briefe lesen.
Dann weiß er über alle wichtigen Dinge
Bescheid, die er jetzt verschläft.

Mir tut das Schreiben auch gut.
Ich kann alle meine Gedanken und Gefühle
auf dem Papier loswerden.
Meine Wut, meine Traurigkeit, meinen Schmerz,
meine Witze.
Wenn ich Hannes in seinem Bett liegen sehe,
fühle ich mich oft hilflos.
Ich kann ihm nicht helfen, gesund zu werden.
Aber mit dem Schreiben habe ich das Gefühl,
ich kann doch etwas für ihn tun.
Für später.

März – der erste Brief

Hallo Hannes,
seit drei Wochen bin ich jetzt Zivi.
Ich arbeite in diesem Heim mit den Verrückten.
Das Wort „Verrückte“ darf ich natürlich
nicht laut sagen.
Wenn Schwester Walrika das hören würde!
Sie nennt die Heim-Bewohner „Gäste“.
Diese „Gäste“ haben alle ein Problem
mit dem normalen Leben.
Sie sind nicht wirklich krank und müssen
im Bett liegen so wie du.
Aber sie können nicht alleine wohnen
und brauchen auch ab und zu Hilfe.
Richtig heißt das: Sie sind psychisch krank.

Wir basteln und singen und essen zusammen.
Es gibt auch eine Psychologin, mit der jeder
Heim-Bewohner sprechen kann, wenn er will.
Niemand wird zu irgendetwas gezwungen.
Hier leben sie in einer Gemeinschaft.
Alle sind freundlich zueinander.
Keiner macht sich über jemand anderen lustig.
Deshalb gefällt es den Heim-Bewohnern
hier auch so gut.
Aber sie haben alle ihre besonderen Geschichten.
Davon erzähle ich dir später.

Erst mal stelle ich dir Schwester Walrika vor:
Das ist eine kleine, dicke Nonne
mit einer ziemlich lauten Stimme.
Sie ist hier sozusagen die Chefin und sehr streng.
Sie achtet genau darauf, dass die Heim-Regeln
eingehalten werden.

Und dann erwischt sie mich doch neulich
auf dem Balkon beim Rauchen.
Ich rauche nur heimlich,
weil das hier eigentlich verboten ist.
Ich war erst total erschrocken,
als sie plötzlich vor mir stand.
Ich hatte die Zigarette zwischen meinen Fingern
versteckt und die brannte immer weiter.
Und was macht Schwester Walrika?
Sie guckt mich eine Weile an und fragt mich dann:
„Tut das nicht langsam weh?"
Und als ich verlegen mit dem Kopf nicke,
fragt sie weiter:
„Warum benutzen Sie dann keinen Aschenbecher?"

Plötzlich steht da ein kleiner Aschenbecher
auf dem Boden.
Und Schwester Walrika holt in aller Ruhe
eine Schachtel Zigaretten aus der Tasche.
„Das Verbot gilt nur für die Gäste", sagt sie.
„Damit nicht aus Versehen ein Feuer ausbricht."

Und dabei raucht Schwester Walrika
gemütlich eine Zigarette.

Jetzt haben wir also ein kleines Geheimnis,
das uns verbindet.
Stell dir das mal vor, Hannes – ich habe
ein Geheimnis mit einer katholischen Nonne!
Ich kann mir jetzt schon vorstellen,
wie du dich darüber kaputtlachst.

März – der zweite Brief

Hallo Hannes,
jetzt habe ich auch meinen ersten Nacht-Dienst
hinter mir.
Das heißt, ich war die ganze Nacht alleine
mit den Heim-Bewohnern.
Zuerst hatte ich ja ein bisschen Schiss.
So ganz alleine mit all den Verrückten.
Aber es ist ziemlich ruhig gewesen.
Schwester Walrika hatte mir vorher ein paar
Informationen gegeben, damit ich Bescheid weiß.

Da ist zum Beispiel die Frau Stemmerle.
Sie ist tatsächlich nachts um halb drei aufgewacht
und hat geklingelt.
Ich bin also zu ihr ins Zimmer gegangen
und habe gefragt, ob ich ihr helfen kann.
Frau Stemmerle wollte wissen,
ob ihre Enkelin im Zimmer ist.
Ich habe überall nachgeschaut und dann gesagt:
„Nein, Frau Stemmerle, hier ist niemand
außer uns beiden."

Sie hat mir dann eine verrückte Geschichte erzählt.
Sie glaubt, sie hätte ihre Enkelin Jasmin umgebracht.
Und nachts denkt sie immer,
dass die Jasmin sie als Geist besuchen kommt.

Frau Stemmerle hat ziemlich gezittert
bei der Geschichte.
Ich habe ihr dann die Hände ein bisschen massiert.
Sie hat sich auch wieder beruhigt
und ist dann eingeschlafen.
Das war auch schon das Aufregendste
in dieser Nacht.

Morgens habe ich Schwester Walrika noch
beim Frühstück geholfen.
Das war wirklich anstrengend.
Die Heim-Bewohner wollen morgens
einfach nicht aus ihren Betten raus.
Es hat ewig gedauert,
bis alle am Frühstücks-Tisch saßen.
Ich bin dann nach Hause gefahren
und habe mich hingelegt.
Damit ich für den nächsten Nacht-Dienst fit bin.

Natürlich war ich zwischendurch
bei dir im Krankenhaus.
Deine Mutter war auch da.
Sie war ziemlich aufgeregt.
„Der Hannes hat reagiert!" rief sie mir gleich zu,
als ich reinkam.

Ich weiß nicht, wo und wie du reagiert hast.
Du hast so weiß und still ausgesehen wie immer.

Aber deine Mutter konnte sich gar nicht beruhigen.
Ich habe ihr dann gesagt,
sie soll einen kleinen Spaziergang machen.

Als sie weg war, habe ich deinen Arm hochgehoben.
Und er ist genauso runtergeplumpst wie sonst auch.
Von wegen Reaktion!
Ich habe dir dann die Sportseiten
aus der Zeitung vorgelesen.
Ich habe dir vorgelesen, wie schlecht unser
Eishockey-Team gespielt hat.
Und du bist bei dem miesen Ergebnis auch
ganz ruhig liegen geblieben.
Das mit der Reaktion hat sich deine Mutter
wohl nur eingebildet.

April – der erste Brief

Hallo Hannes,
heute habe ich Nele im Krankenhaus getroffen.
Sie kommt dich auch jeden Tag besuchen.
Aber heute haben wir uns das erste Mal
nach deinem Unfall gesehen.
Irgendwie haben wir uns sonst immer verpasst.

Sie hat mich sofort angeschrieen:
„Ihr mit euren blöden Motorrädern!“
Und sie hat auch versucht, mich zu schlagen.
Wie eine Verrückte hat sie herumgeschrien.
Ich konnte sie gar nicht beruhigen.
Dein Arzt ist dann ins Zimmer gekommen
und hat sie von mir weggezogen.

Also ehrlich, Hannes!
Was glaubt denn die Nele, wer sie ist?
Deine Eltern und alle deine Freunde – wir sind alle
verzweifelt wegen deinem Zustand.
Da muss die Nele nicht so ein Theater machen!

Rick und Kalle waren neulich übrigens auch mal da.
Als ich in dein Zimmer kam, standen sie beide
ein paar Meter von deinem Bett entfernt.
So als ob du eine ansteckende Krankheit hättest.
Ich habe dann auch gleich einen Witz gemacht.

„Hey, jetzt sind wir zu viert.
Wollen wir Karten spielen?“
Das fanden die beiden allerdings gar nicht witzig.
Sie sind dann auch schnell wieder gegangen.
Aber ich könnte schwören, dass ich ein Grinsen
auf deinem Gesicht gesehen habe.

Hannes, du merkst schon,
ich schreibe einfach alles auf.
Was mir gerade so einfällt
oder was dich interessieren könnte.
So haben wir früher ja auch drauflos gequatscht,
wenn wir uns getroffen haben.
Natürlich wäre es besser,
wenn du endlich mal aufwachen würdest.
Ich musste gestern allein ins Stadion zum Eishockey
gehen. Das war wirklich öde.
Aber solange du dein Koma-Schläfchen machst,
schreibe ich erst mal weiter.

Neulich habe ich an der Tankstelle
unsere ehemalige Schul-Direktorin getroffen.
Sie hat von deinem Unfall gehört
und mir dann tausend Fragen gestellt.
Und zum Schluss hat sie gesagt:
„Ihr beiden wart wirklich unzertrennlich.
Ich habe den Lehrern immer gesagt,
dass sie bei euch aufpassen sollen.

Ihr habt zusammen immer so viel Unsinn gemacht."
Natürlich haben wir mal Unsinn gemacht,
aber ist das nicht normal?
Die Frau Schul-Direktorin wünscht dir
auf jeden Fall gute Besserung.
Das habe ich dir bei meinem nächsten Besuch
auch gesagt.
Aber du hast nicht darauf reagiert.

Ich habe später noch mal das Foto rausgesucht
von unserem ersten Schultag.
Wir stehen da beide mit unseren Schultüten
und grinsen doof.
Du hattest diese riesigen neuen Schneide-Zähne
und ich eine fette Zahnlücke.
Ich habe mich furchtbar geärgert.
Mit dieser Zahnlücke habe ich neben dir
wie ein Baby ausgesehen.
Deshalb habe ich dieses Bild damals zerrissen.
Aber meine Mutter hat es mit Tesafilm
wieder zusammengeklebt.
Jetzt trage ich es immer in meiner Hosentasche
mit mir herum – zur Erinnerung an uns.

Meine Eltern haben letztens mal angerufen
und sich nach dir erkundigt.
Du weißt ja, die wohnen seit einiger Zeit in Spanien.
Sie wünschen dir natürlich auch alles Gute

und werden auch mal bei deinen Eltern anrufen.
Mein Vater hat mich noch gefragt,
ob ich ab und zu auf meiner Posaune spiele.
Er hat mir dieses Ding vor ein paar Jahren geschenkt.
Ich hatte nie wirklich Lust, darauf zu spielen.
Aber nach dem Gespräch mit meinem Vater
hatte ich eine tolle Idee:
Ich werde morgens die Heim-Bewohner
mit der Posaune wecken.
Also habe ich die Posaune vom Dachboden geholt
und ordentlich abgestaubt.
Mal sehen, ob das klappt.
Dann geht das mit dem Aufstehen morgens
vielleicht schneller.

April – der zweite Brief

Hallo Hannes,
tja, der Trick mit der Posaune hat geklappt.
Alle Heim-Bewohner sind aus Neugier
schnell aus ihren Betten gesprungen.
Sie fanden das alle aufregend und mal was Neues.
Aber jetzt werde ich ständig gefragt,
ob ich nicht noch andere Sachen spielen kann.
Darauf habe ich eigentlich keine Lust.
Hoffentlich hört diese Fragerei bald auf.

Ja, ganz ehrlich, Hannes,
mir gefällt die Arbeit hier wirklich gut.
Ich weiß, dass wir beide vorher viele Witze
über den Zivil-Dienst gemacht haben.
Aber ich verstehe mich super mit den Kollegen
und sogar mit Schwester Walrika.
Wir treffen uns jetzt regelmäßig zum Rauchen
auf dem Balkon.
Ich glaube, dass Schwester Walrika mich mag
und sich gerne mit mir unterhält.
Die Heim-Bewohner sind auch nette Menschen.
Sie haben halt ein paar Problemchen
und verhalten sich deshalb manchmal merkwürdig.

Zum Beispiel die Frau Stemmerle.
Sie ist tatsächlich schuld am Tod ihrer Enkelin.

Also natürlich nicht mit Absicht oder so.
Aber das Unglück ist eben trotzdem passiert.
Die Familie Stemmerle hat am Starnberger See
eine große Villa mit Privat-Zugang zum See.
Dort hat die ganze Familie zusammen gewohnt:
Frau Stemmerle mit ihrem Mann und ihr Sohn
mit seiner Frau und seiner Tochter Jasmin.
Weil der See so nahe dran war,
hat die Jasmin schon früh das Schwimmen gelernt.
Damit sie nicht aus Versehen ins Wasser fällt
und ertrinkt.

Jasmin war damals acht Jahre alt
und ist geschwommen wie ein Fisch.
An dem Tag, als das Unglück passiert ist,
waren Jasmins Eltern bei der Arbeit.
Der Mann von Frau Stemmerle hat im Haus
seinen Mittags-Schlaf gemacht.
Frau Stemmerle und Jasmin waren unten am See.
Zuerst hat die Jasmin wie immer im Wasser
herumgeplanscht und alles war gut.
Dann hat sie plötzlich Wasser geschluckt
und Angst bekommen.
Sie hat um Hilfe gerufen und konnte nicht mehr
ans Ufer schwimmen.
Frau Stemmerle wollte ihrer Enkelin helfen.
Aber in dem Moment, wo sie aufstehen wollte,
bekam sie einen Schwäche-Anfall.

Die Frau Stemmerle war wohl ein paar Minuten
lang bewusstlos.
Als sie wieder zu sich gekommen ist,
war Jasmin schon tot.
Kurz danach ist auch der Mann
von Frau Stemmerle gestorben.
Und dann wollte sie nicht mehr in dieser Villa leben.
Ihr Sohn hat sie vor zehn Jahren
in dieses Heim hier gebracht und das war es dann.
Frau Stemmerle lebt jetzt alleine hier
ohne ihre Familie.
Der Sohn hat sie in der ganzen Zeit
nicht einmal besucht.

Ist das nicht furchtbar, Hannes?
Das Leben kann sich von einer Minute
auf die andere total verändern.
So wie bei dir – Motorrad fahren im Sonnenschein
und plötzlich liegst du im Krankenhaus.
Wann hast du eigentlich vor,
mal wieder aufzuwachen?

Übrigens: Deinen Arzt nenne ich ja Doktor
Schnauzbart. Er hat so ein Gestrüpp unter der Nase.
Eigentlich ist er ganz okay
und kümmert sich sehr um dich.
Er hat auch immer Zeit für deine Mutter,
wenn sie Fragen hat.

Aber neulich hat er dem Rick Haus-Verbot erteilt.
Leider habe ich die ganze Aufregung verpasst,
aber Kalle hat es mir später erzählt.
Rick und Kalle wollten dich besuchen.
In deinem Zimmer waren aber lauter Studenten
zusammen mit dem Schnauzbart.
Und als die ganze Truppe rauskommt,
macht einer von den Studenten
eine dumme Bemerkung über dich.
Na, du kennst ja Rick.
Der hat diesem Blödmann gleich eine reingehauen
und schon gab es eine fette Prügelei.
Und jetzt hat er Haus-Verbot und kann dich
nicht mehr besuchen.

Aber heute ist der 26. April
und du hast Geburtstag, Hannes!
Wir haben eine Geburtstags-Party
bei dir im Zimmer gefeiert.
Deine Mutter hat den Rick einfach mit
ins Krankenhaus genommen.
Das Haus-Verbot war ihr völlig egal.
„Da soll bloß einer kommen und was sagen!",
waren ihre Worte.
Der Brenninger hat Party-Hütchen
und Schnittchen mitgebracht.
Wir haben dir ein Geburtstags-Lied gesungen
und einfach gute Stimmung gemacht.

Deine Mutter hat nämlich in einer Zeitschrift
etwas über Koma-Patienten gelesen.
Da stand drin, dass Koma-Patienten
die Stimmung in ihrer Umgebung spüren.
Wenn da einer sitzt und heult,
geht es dem Patienten schlecht.
Aber wenn eine fröhliche und lustige Stimmung
da ist, fühlt sich der Patient auch besser.
Natürlich sieht man dir das nicht von außen an.
Ich hoffe trotzdem, dass dir die vielen Besuche
von deiner Familie und deinen Freunden gut tun.
Wir wollen doch alle, dass du bald wieder
die Augen aufmachst und aus dem Bett springst.

Mai – der erste Brief

Hallo Hannes,
was gibt's Neues? Bei dir ja leider nicht so viel.
Du liegst immer noch reglos in deinem Bett.
Dein Arm plumpst immer noch wie ein Stein runter.
Und du reagierst auf nichts.
Egal, was ich dir erzähle oder vorlese.

Aber heute, mein Freund,
musst du mal was machen.
Heute habe ich eine tolle Geschichte für dich.
Also, pass auf!
Ich habe dir schon erzählt,
dass wir im Heim auch eine Psychologin haben.
Diese Frau Dr. Redlich ist ziemlich eingebildet.
Sie meckert ständig an mir rum.
Weil ich mit Schwester Walrika auf dem Balkon rauche.
Weil ich mich nachts
mit Frau Stemmerle und Jasmin unterhalte.
Ja, du hast richtig gehört.
Aber das ist eine andere Geschichte.

Als Frau ist die Redlich aber ein heißer Feger:
rote Haare und eine tolle Figur.
Seit einer Woche wohnt sie auch hier im Heim,
in ihrem Büro.

Sie hat sich von ihrem Freund getrennt
und muss erst eine neue Wohnung suchen.
Ich habe gerade wieder Nachtdienst und sehe sie
deshalb öfter spätabends herumschleichen.
Am Anfang hat mich das total genervt.
Sie hat mir immer zugesehen,
wenn ich meine Briefe an dich schreibe.
Das geht sie doch gar nichts an!
Einen Abend haben wir uns aber
zusammen hingesetzt und Pläne
für unser Sommerfest gemacht.
Da war sie völlig anders als sonst.
Richtig nett war sie.
Und sie hatte auch ein paar gute Bastel-Ideen.

Ein paar Tage später ist dann
das Unglaubliche passiert:
Die Redlich und ich sind uns nachts zufällig
im Flur begegnet.
Und plötzlich haben wir angefangen,
wild herumzuknutschen.
Dann sind wir in ihr Zimmer gegangen
und hatten total tollen Sex miteinander.
Auch in den folgenden Nächten haben wir uns
in ihrem Zimmer getroffen.
Ich dachte erst, ich habe einen verrückten Traum.
Aber es ist wahr – die Redlich und ich haben jetzt
eine wilde Affäre!

Natürlich hat Schwester Walrika
das irgendwie mitgekriegt.
Die beiden Frauen haben sich sehr laut gestritten.
Weil die Tür vom Büro aber gepolstert ist,
konnte ich nichts verstehen.
Später hat Schwester Walrika beim Rauchen
zu mir gesagt:
„Uli, was Sie in Ihrer Freizeit machen,
ist mir vollkommen egal. Aber hier im Heim
sollten Sie sich wirklich ordentlich benehmen.
Außerdem ist die Frau Doktor viel zu alt für Sie!"
Ich stand auf dem Balkon
und habe nur doof geguckt.
Woher weiß denn Schwester Walrika etwas
von unseren Liebesnächten?

Also, ich könnte schwören,
dass du diesmal wirklich gegrinst hast.
Kein Wunder, bei so einer aufregenden Geschichte!
Ich habe das auch dem Brenninger
und deiner Mutter erzählt.
Der Brenninger hat natürlich gesagt,
ich spinne bloß rum.
Aber deine Mutter meinte,
das wäre ihr auch schon öfter aufgefallen.
In bestimmten Situationen würdest du
ganz doll grinsen.
Ich hab dann auch noch den Schnauzbart gefragt.

Er ist schließlich der medizinische Fachmann.
Ob wir uns dein Gegrinse nur einbilden
oder ob das wirklich sein kann.
Doktor Schnauzbart hat mir das dann erklärt:
Koma-Patienten können sich nach dem Aufwachen
an viele Dinge erinnern.
Zum Beispiel an das, was man ihnen erzählt hat.
Das heißt natürlich, dass die Patienten
diese Gespräche auch gehört haben müssen.
Auch wenn sie so aussehen, als ob sie
tief schlafen und gar nichts mitbekommen.

Weißt du, Hannes, das ist ja das Schwierige
an deiner Situation.
Keiner von uns weiß wirklich,
was du hörst oder fühlst.
Hast du denn nicht mal langsam Lust,
wieder aufzuwachen?

Mai – der zweite Brief

Hallo Hannes,
heute erzähle ich dir die verrückte Geschichte
von Frau Stemmerle und Jasmin und mir.
Wenn ich Nacht-Dienst habe,
bin ich jede Nacht um halb drei bei Frau Stemmerle.
Sie fragt mich dann, ob die Jasmin im Zimmer ist.
Natürlich sage ich jedes Mal,
dass außer uns beiden niemand hier ist.
Aber das macht Frau Stemmerle immer sehr traurig.
Und neulich habe ich einfach gesagt:
„Ja, Frau Stemmerle, die Jasmin ist hier
bei uns im Zimmer."
Und was glaubst du, Hannes,
wie sich Frau Stemmerle darüber gefreut hat.
Zum ersten Mal habe ich ein Lächeln
in ihrem Gesicht gesehen.
Aber dann wurde es gruselig.
Frau Stemmerle hat nämlich angefangen,
sich mit Jasmin zu unterhalten.
Weil sie selbst schlecht hört, sollte ich ihr
dann sagen, was Jasmin ihr geantwortet hat.
Mir wurde schon ziemlich komisch bei der Sache.
Was würde ein totes achtjähriges Mädchen
ihrer Oma erzählen?
Aber Frau Stemmerle war so froh darüber,
dass Jasmin hier war.

Da habe ich tatsächlich so getan, als ob Jasmin etwas Nettes zu ihrer Oma gesagt hätte.
Frau Stemmerle ist bald danach eingeschlafen.
Am Morgen ist sie mit einem glücklichen Lächeln im Gesicht aufgewacht.
Seit dieser Nacht ist sie viel fröhlicher geworden.
Sie hilft jetzt auch bei den Bastel-Arbeiten für unser Sommerfest.

Ich habe ihr allerdings gesagt,
dass sie niemandem von unseren Gesprächen mit der Jasmin erzählen soll.
„Frau Stemmerle, wenn jemand erfährt,
dass die Jasmin hier wohnt, muss sie vielleicht auch noch Wohn-Geld bezahlen."
Das ist natürlich Blödsinn, aber ich möchte keinen Ärger wegen dieser Jasmin-Geschichte haben.

Natürlich bin ich auch oft bei dir und lese dir meine Briefe und die Sport-Ergebnisse vor.
Leider hast du schon lange nicht mehr gegrinst oder irgendwie reagiert.
Mensch, Hannes, bald kommt der Sommer.
Jetzt streng dich mal an und wach endlich auf!

Juni – der erste Brief

Hallo Hannes,
also diese Frau Doktor Redlich ist echt anstrengend.
Ich nenne sie für dich „Frau Doktor", damit du dir
nicht so viele Namen merken musst, okay?
Die Liebes-Stunden mit ihr sind ja ganz toll,
aber sonst will ich eigentlich keine Zeit
mit ihr verbringen.
Am Wochenende muss ich mich
von der Arbeit ausruhen.
Und natürlich brauche ich auch Zeit für dich.
Sie fragt mich aber andauernd,
ob wir etwas zusammen machen können.
Neulich wollte sie sogar
auf meinem Motorrad mitfahren.

Da habe ich zu ihr gesagt:
„Auf gar keinen Fall!
Ich nehme keine Frauen auf meiner Maschine mit."
Sie war natürlich beleidigt und hat rumgemeckert.
Aber da war ich knallhart.

Bei uns im Heim ist jetzt ein neuer Bewohner
eingezogen.
Er ist erst 17 Jahre alt und heißt Florian.
Ich habe mich sehr gewundert,
warum so ein junger Typ hier ins Heim kommt.

Aber seine Geschichte ist wirklich krass:
Florians Vater war Polizist und hat sich selbst
und seine Frau erschossen.
Mit seiner Dienst-Pistole.
Und Florian hat alles mitgekriegt.
Er war damals vier Jahre alt
und hat im Wohnzimmer gespielt.
Eigentlich sollte der Junge im Kindergarten sein.
In der Akte steht leider nicht, warum er
bei der Mutter zu Hause geblieben ist.

Auf jeden Fall hat er fast einen Tag lang
neben seinen toten Eltern gesessen.
Erst als seine Oma angerufen hat, hat er erzählt,
dass seine Eltern nicht da sind.
Seine Oma ist dann sofort zum Haus gefahren
und hat das furchtbare Unglück entdeckt.

Florian hat danach bei seiner Oma gelebt.
Er hat seit diesem Tag nicht mehr gesprochen.
Viele Ärzte und Psychologen haben ihn untersucht
und Behandlungen vorgeschlagen.
Aber es hat alles nichts genützt:
Florian will einfach nicht sprechen.
Vor Kurzem ist seine Oma gestorben
und er ist zu uns ins Heim gekommen.
Hier spricht er auch nicht.
Jedenfalls nicht mit uns Menschen.

Wir haben ihn jetzt für die Gartenarbeit eingeteilt,
damit zum Sommerfest alles gut aussieht.
Erst war er nicht so begeistert.
Aber im Garten braucht er nicht mit Menschen
zu reden und hat seine Ruhe.
Das gefiel ihm dann doch
und er hat super Arbeit geleistet.
Vielleicht hat er ja mit den Pflanzen geredet
und sie zum Blühen gebracht.

Der Garten sieht jedenfalls total toll aus
und wir freuen uns schon alle auf das Sommerfest.
Ich habe jetzt öfter Posaune geübt.
Schwester Walrika hat mich nämlich gebeten,
beim Sommerfest ein paar Stücke zu spielen.
Hoffentlich kriege ich das auch hin,
wenn ich vor Publikum spielen muss.
Ich bin jedenfalls ganz schön aufgeregt.

Ein paar Tage später:
Das Sommerfest war einfach großartig.
Alle Bewohner haben mitgemacht
und mir und meiner Posaune Beifall geklatscht.
Florian ist sogar mit einem Bild in der Zeitung.
Er steht da vor einem riesigen Busch
voller roter Blüten und grinst in die Kamera.
Alle sind glücklich und zufrieden,
weil etwas Schönes in ihrem Leben passiert ist.

Und was ist mit dir, mein Freund?
Meinst du nicht, dass du dich auch besser fühlen würdest, wenn du endlich mal wieder die Augen aufmachst?
Rick hat sich jetzt einen Bart wachsen lassen, damit er sich heimlich zu dir reinschleichen kann.
So erkennt ihn nämlich niemand und er bekommt keinen Ärger wegen seines Haus-Verbots.
Na ja, du hast auf jeden Fall jede Menge Besuch und Unterhaltung.
Aber mit dir zu sprechen und eine Antwort zu bekommen, wäre halt noch schöner.
Ach, Hannes!

Juni – der zweite Brief

Hallo Hannes,
heute habe ich mal wieder eine Geschichte
über die Frau Stemmerle für dich.
Wir beide verstehen uns wirklich gut.
Beim Frühstück schmieren wir uns gegenseitig
die Brötchen und reden viel miteinander.
Frau Stemmerle hat sich zu ihrem Geburtstag
sogar ein Lied mit der Posaune von mir gewünscht.
Eigentlich spiele ich ja nicht so gerne
für andere Leute.
Aber bei ihr habe ich eine Ausnahme gemacht.

Und jetzt hat sie mich gebeten, zu ihrem Haus
am Starnberger See zu fahren.
Ich soll nachschauen, ob alles in Ordnung ist.
Frau Stemmerle hat seit dem schrecklichen
Unglück ja keinen Kontakt mehr zu ihrem Sohn.
Sie weiß nicht, ob er noch in dem Haus wohnt
und sich darum kümmert.
Ich habe mich sehr über ihr Vertrauen gefreut.
Gestern bin ich hingefahren.

Und was soll ich dir sagen, Hannes?
Das ist nicht einfach ein Haus, das ist
eine richtige Villa mit riesigem Garten.
Innen drin ist alles ziemlich verstaubt,

weil dort wirklich niemand mehr wohnt.
Aber die Möbel und Bilder und Figuren,
die da rumstehen – das ist alles teures Zeug!
Ich habe auch ziemlich viele Fotos gesehen,
auf denen ein kleines Mädchen zu sehen ist.
Das ist bestimmt die Jasmin.
Sie sieht wirklich süß aus.
Ich kann verstehen, dass ihr Tod für ihre Familie
ein schlimmes Unglück war.

Von den Fotos habe ich eins
für Frau Stemmerle mitgenommen.
Vielleicht freut sie sich darüber.
Ich bin dann noch mal runter zum See gegangen.
Dort habe ich den Sohn getroffen.
Er war erst sehr überrascht,
einen fremden Menschen beim Haus zu sehen.
Ich habe ihm erklärt, warum ich da bin.
Er kommt jeden Sonntag hierher.
Dann streut er Blumen auf das Wasser.
Als eine Art Andenken für seine Tochter Jasmin.

Wir haben uns ein bisschen unterhalten,
aber er ist immer noch sehr böse auf seine Mutter.
Seine Stimme wurde immer lauter
und zum Schluss hat er richtig geschrien:
„Meine Mutter musste nie arbeiten in ihrem Leben.
Sie hatte immer eine Menge Personal

und musste sich um nichts kümmern.
Sie sollte einfach nur auf Jasmin aufpassen.
Das war doch nicht so eine schwere Aufgabe, oder?
Aber nicht einmal das konnte sie."

Frau Stemmerle hat sich tatsächlich
über das Foto gefreut.
Das Treffen mit ihrem Sohn habe ich allerdings
nicht erwähnt.
Dann wäre sie bestimmt nur traurig geworden.

Aber Schwester Walrika habe ich davon erzählt.
Und sie hat natürlich gleich eine Idee gehabt.
„Uli, Sie fahren nächsten Sonntag da noch mal hin.
Und ich werde mitkommen.
Dann werden wir mal ein ernstes Wort
mit dem Sohn von Frau Stemmerle reden!
So kann er nicht mit seiner Mutter umgehen!"

Na ja, wenn Schwester Walrika sich was
in den Kopf gesetzt hat, hast du keine Chance.
Wir sind also am Sonntag wieder
zum Starnberger See gefahren.
Du hättest Schwester Walrika sehen sollen!
Ich habe sie nämlich abgeholt.
Sie stand vor dem Heim, mit Motorrad-Helm
und Lederjacke über ihrer Nonnen-Kutte.
Das war vielleicht ein Anblick!

Herr Stemmerle war tatsächlich auch wieder da.
Er ist mit Schwester Walrika ins Haus gegangen.
Dort haben sich die beiden lange unterhalten.
Ich bin am See geblieben und habe gewartet.
Als sie wieder rausgekommen sind, hat sich
Schwester Walrika mit den Worten verabschiedet:
„Und vergessen Sie nicht, nächsten Sonntag
ins Heim zu kommen, Herr Stemmerle!“

Keine Ahnung, was Schwester Walrika
zu ihm gesagt hat.
Aber am Sonntag ist der Herr Stemmerle
tatsächlich bei uns im Heim aufgetaucht.
Endlich hat er mal seine Mutter besucht.
Und beim Abschied hat er sogar gesagt:
„Bis zum nächsten Mal!“
Das war dann wirklich ein kleines Wunder.

Ich soll dich übrigens vom Brenninger grüßen.
Der ist ganz spontan nach Neuseeland geflogen,
um einen Freund zu besuchen.
Er war in letzter Zeit ziemlich unzufrieden
mit seinem Leben hier.
Er wollte einfach mal weg
und was anderes sehen.
Jedenfalls haben die beiden mich neulich
mitten in der Nacht angerufen.
Also der Brenninger und sein Freund.

Vorher waren sie wohl auf einer Sauf-Tour.
Ich konnte kaum verstehen, was sie sagen.
Jetzt habe ich dich also gegrüßt
von den beiden Idioten, aber du hast nicht reagiert.

Langsam könntest du aber wieder mal was tun –
grinsen oder mit dem Finger zucken
oder überhaupt mal eine Reaktion zeigen.
Draußen ist schönster Sommer.
Und du? Du liegst immer noch hier
und schläfst vor dich hin.
Mensch, Hannes, jetzt wach mal endlich auf!

Juli – ein Brief

Hallo Hannes,
du hast uns ja einen schönen Schrecken eingejagt.
Ich gehe ins Krankenhaus, um dich zu besuchen.
Und dann stehe ich vor einer verschlossenen Tür.
Deine Mutter sitzt im Flur
und hat ganz rote Augen vom Weinen.

„Ihr Freund hat eine Lungen-Entzündung
bekommen“, erklärt mir Doktor Schnauzbart.
Jetzt darf niemand zu dir ins Zimmer.
Damit du dich nicht mit
irgendwelchen Keimen ansteckst.
Ich habe durch das kleine Fenster in der Tür geguckt.
Aber ich konnte dich gar nicht sehen.
Da steht eine Maschine in deinem Zimmer,
die so eine Art Nebel erzeugt.
Das soll dir wohl beim Atmen helfen.
Doktor Schnauzbart hat deiner Mutter und mir
gesagt, dass es wirklich ernst ist.
Er hofft, dass du die Nacht überlebst.

Ich bin an dem Abend nicht nach Hause gegangen.
Ich habe da vor der Tür gestanden
und in dein Zimmer hineingestarrt.
Ich musste die ganze Zeit
an unser gemeinsames Leben denken.

Was wir alles zusammen erlebt haben!
Unsere Schulzeit, unsere Urlaube,
Mädchen, Partys, einfach alles.

Erst am nächsten Abend hat mich Schwester
Walrika wieder in das richtige Leben zurückgeholt.
Ich hatte eigentlich Nacht-Dienst.
Ich bin gar nicht im Heim aufgetaucht.
Schwester Walrika hat sich erst Sorgen gemacht.
Aber dann ist ihr eingefallen, wo ich sein könnte.
Sie ist ins Krankenhaus gekommen
und hat mich einfach mitgenommen.
Mit ihrer strengen Nonnen-Stimme hat sie
zu mir gesagt:
„Uli, Ihr Freund ist hier in den besten Händen.
Sie können momentan gar nichts für ihn tun.
Aber die Heim-Bewohner brauchen Sie."

Na, das war natürlich nur ein doofer Trick.
Damit hat sie mich vom Krankenhaus weggelockt.
Aber sie hat recht: Die Ärzte und Schwestern im
Krankenhaus tun alles für dich.
Und besuchen dürfen dich sowieso
nur deine Eltern in extra Schutz-Anzügen.
Ich kann nur abwarten, bis es dir wieder besser geht
und du wieder Besuch haben darfst.
Mensch, Hannes, diese Warterei macht mich
verrückt!

Ich weiß gar nicht, was ich dir schreiben soll.
An manchen Tagen fällt mir gar nichts ein.
Ich muss immer an diese Nebel-Maschine
und deine Lungen-Entzündung denken.

Interessiert es dich, dass die Frau Doktor
mein Motorrad kaputtgefahren hat?
Sie war sauer, weil ich ausnahmsweise
die Nele auf dem Motorrad mitgenommen habe.
Und die Frau Doktor hat das zufällig gesehen
und ist uns nachgefahren.
Nele und ich sind am Krankenhaus abgestiegen.
Und die Frau Doktor hat mit ihrem Auto Vollgas
gegeben und ist gegen die Maschine gefahren.
Ich hätte heulen können.
Du weißt ja, was dieses Motorrad mir bedeutet.
Mein Vater ist schon damit gefahren
und hat es mir dann geschenkt.
Die Leute in der Werkstatt haben mir gesagt,
dass die Reparatur richtig teuer wird.
Weil man die Ersatz-Teile nicht so leicht kaufen kann.
Aber da hat sich die Frau Doktor dann wieder
korrekt verhalten.
Sie hat sich bei mir entschuldigt, dass sie „aus
Versehen“ mein Motorrad überfahren hat.
Und sie hat gesagt, dass sie
die Reparatur-Kosten übernehmen wird.
Na, wenigstens etwas!

Ich denke mal, dass das auch das Ende
von unseren Liebes-Stunden ist.
Aber darüber bin ich nicht mal traurig.
Ich habe wichtigere Dinge im Kopf – dich,
mein Freund!

August – ein Brief

Hallo Hannes,
Schwester Walrika hat wieder
eine tolle Idee gehabt:
Florian und ich sollten zur Villa am Starnberger See
fahren und dort ein bisschen Ordnung machen.
Das hat sie mit Frau Stemmerle so besprochen.
Natürlich ist das nur ein Trick,
um mich aus der Stadt rauszubekommen.
Schwester Walrika weiß ja, dass ich dich gerade
nicht besuchen darf.
Ich bin deshalb ziemlich niedergeschlagen.

Also sind der Florian und ich mit dem Motorrad
zum Starnberger See gefahren.
Im Garten und im Haus gibt es eine Menge zu tun.
Schwester Walrika hat noch
zwei Putzfrauen besorgt.
Die beiden sollten uns da draußen helfen.
Eine davon ist eine hübsche, junge Frau.
Sie heißt Zina.
Ich glaube, sie hat sich gleich in den Florian verliebt.
Jedenfalls waren wir fast eine Woche dort draußen
und haben eine Menge geschafft.

Jetzt bin ich wieder in der Stadt.
Und ich darf dich endlich wieder besuchen.

Doktor Schnauzbart hat gesagt,
dass es dir wieder besser geht.
Ich soll dich aber trotzdem nicht gleich
vollquatschen.
Also lese ich dir nur ein paar Sport-Berichte
aus der Zeitung vor und massiere dir die Hände.

Es gibt da auch eine Neuigkeit,
die ich dir sowieso nicht erzählen kann.
Ich schreibe es nur auf, weil ich diese Sache
irgendwie loswerden muss.
Aber selbst das Aufschreiben ist schwierig,
weil ich das selber noch nicht glauben kann:
Die Nele ist schwanger!

Wie kann das sein?
Du bist seit einem halben Jahr hier im Tief-Schlaf.
Von wem ist dieses Kind?
Hat die Nele was mit einem anderen Typen?
Mir ist schon aufgefallen, dass sie ziemlich oft
mit Kalle hier bei dir auftaucht.
Läuft da was zwischen den beiden?
Ich gehe den beiden jedenfalls aus dem Weg.
Ich habe keine Lust auf irgendein Gespräch,
weil ich dann vielleicht richtig wütend werde.

Mensch, Hannes, der Kalle und die Nele!
Das glaub ich einfach nicht!

Aber heute hat Kalle
am Krankenhaus-Eingang gewartet.
Er wollte unbedingt mit mir reden.
Er hat mich gefragt, warum ich ihm und Nele
dauernd aus dem Weg gehe.
Das wäre schon ziemlich auffällig in letzter Zeit.
Ich wusste erst gar nicht,
wie ich das Baby-Thema ansprechen sollte.

Kalle hatte damit gar kein Problem.
Er hat mir Folgendes erklärt:
„Nele ist schon im sechsten Monat.
Also kann das Kind sehr wohl von Hannes sein.
Allerdings ist es auch möglich,
dass ich der Vater bin.
Nach dem Unfall war die Nele so fertig
mit den Nerven, dass ich sie getröstet habe.
Das war alles nicht geplant.
Aber wir haben die Nacht zusammen verbracht.
Wir lassen jetzt einen Test machen,
damit wir wissen, wer der Vater ist."

Ich konnte es gar nicht glauben.
Unser gemeinsamer Freund spricht ganz cool
und locker über so eine wichtige Sache.
Tut mir leid, Hannes,
aber da musste ich dem Kalle eine reinhauen!
Das war eben alles zu viel für mich!

Deine Mutter weiß das mit der Schwangerschaft
wohl schon länger.
Sie macht sogar einen Schwangerschafts-Kurs
zusammen mit Nele und Kalle.
Das habe ich zufällig gehört, als sie sich
mit der Krankenschwester unterhalten hat.

Ich war total schockiert.
Was ist mit deiner Mutter los?
Stört sie das denn gar nicht?
Die Freundin von ihrem Sohn bekommt vielleicht
ein Kind von einem anderen Mann.
Und deine Mutter geht mit
zum Schwangerschafts-Kurs?
Ein paar Tage später habe ich dann
deinen Vater im Krankenhaus getroffen.
Und er hat mir die Geschichte
ein bisschen anders erzählt:
„Weißt du, Uli, meine Frau hat die Hoffnung,
dass das Kind von Hannes ist.
Und für sie wäre das ein großes Glück,
falls Hannes stirbt.
Dann hat sie wenigstens noch etwas
von ihrem Sohn, auf dass sie sich freuen kann.
Sie denkt nicht daran, dass auch Kalle
der Vater sein könnte.
Deshalb kümmert sie sich jetzt so um die Nele
und freut sich auf das Kind."

Na ja, irgendwie kann ich das schon verstehen.
Aber ich bekomme trotzdem ein komisches Gefühl,
wenn ich den Kalle mit Nele und deiner Mutter
zusammen sehe.

Dieses Thema beschäftigt mich sehr.
Ich kann kaum noch an etwas anderes denken.
Draußen ist es ziemlich heiß
und ich kann nachts nicht gut schlafen.
Ach, das Ganze ist so ein Mist
und du liegst nur da und schläfst.

Wann hörst du damit endlich auf, Hannes?
Ich brauch dich hier im wirklichen Leben!

September – ein Brief

Hallo Hannes,
diese Baby-Geschichte macht uns alle verrückt.
Wir wissen immer noch nicht, wer der Vater ist.
Deshalb gehen wir uns alle auf die Nerven.
Deine Eltern natürlich ausgenommen.
Aber deine Freunde Rick, Brenninger und Kalle
streiten sich ständig über dieses und jenes.
Zum Beispiel, ob die Nele auf deiner Bettkante
sitzen darf.
Oder wer dein bester Freund ist.
Ein dauerndes Blablabla.

Ich versuche, mich da rauszuhalten.
Aber deiner Mutter reicht es jetzt
mit dieser Streiterei.
Du hast nämlich wieder Fieber bekommen
und darfst keinen Besuch haben.

Ich habe mit ihr telefoniert.
Da hat sie dann zu mir gesagt:
„Uli, ich weiß doch, warum es dem Hannes
wieder schlechter geht.
Diese ganze Unruhe und diese lauten Stimmen.
Das geht so nicht.
Wir wollen doch alle,
dass Hannes bald aufwacht."

Deine Mutter wird einen Stunden-Plan machen.
Da steht drin, wann wir dich besuchen dürfen.
Wenn es dir wieder besser geht.

Ich bewundere deine Mutter wirklich, Hannes.
Jeden Tag besucht sie dich.
Sie versucht, alles Mögliche für dich zu tun.
Jetzt kümmert sie sich auch noch
um Nele und das Baby.
Und du liegst immer nur da.
Könntest du deiner Mutter nicht mal eine Freude
machen und endlich aufwachen?

Meine Eltern sind übrigens bei mir zu Besuch.
Sie wohnen ja seit einiger Zeit in Spanien.
Deshalb haben sie hier keine Wohnung mehr.
Aber das halte ich nicht lange aus mit den beiden.
Dafür ist meine Wohnung einfach zu klein.
Ich habe wieder mit meiner Kollegin getauscht
und mache jetzt Tag-Dienst.
Dann habe ich wenigstens tagsüber meine Ruhe.

Vor der Arbeit fahre ich bei dir vorbei
und gucke durch das kleine Fenster an der Tür.
Wie gesagt, Besuch ist zurzeit ja nicht erlaubt.
Ich frage mich bloß,
wer jetzt deine kalten Hände massiert.
Da fällt mir ein, was ich dir noch erzählen will.

Nämlich von der Frau Doktor, da gibt es was Neues.
Du wirst es nicht glauben!
Wir haben seit einiger Zeit wieder
mit unseren Liebes-Stunden angefangen.
In der Wäsche-Kammer vom Heim.

Und am nächsten Tag hat Schwester Walrika
mit mir deswegen geschimpft:
„Also, Uli, das glaube ich einfach nicht.
Ich habe es Ihnen doch schon einmal gesagt.
Im Heim sollen Sie sich ordentlich benehmen.
Ihre Affäre mit Frau Doktor Redlich können Sie
zu Hause oder sonst wo haben.
Aber hier im Heim geht das nicht!"
Sie war richtig sauer auf mich.
Aber wie soll eine Nonne so etwas verstehen?

Na ja, da musste ich mir etwas Besonderes
ausdenken, um Schwester Walrika zu beruhigen.
Ich habe ihr dann einen Vorschlag gemacht.
Und zwar, dass wir beide zusammen
mit Frau Stemmerle an den Starnberger See fahren.

Florian ist seit ein paar Wochen wieder dort draußen.
Er bringt Haus und Garten in Ordnung.
Er freut sich bestimmt über einen Besuch von uns.
Schwester Walrika hat also Kuchen gebacken
und vor dem Heim auf mich gewartet.

Alleine.
„Frau Stemmerle hat zu große Angst vor dem See.
Sie will nicht mitkommen“, waren ihre Worte.
Ich bin dann zu Frau Stemmerle hochgegangen.
Mit viel Geduld habe ich sie doch überredet.

Es war ein sehr schöner und sonniger Tag.
Wir hatten eine richtig gute Zeit zusammen.
Florian hat das alte Boot neu angestrichen.
Und stell dir vor, er hat den Namen „Jasmin“
draufgepinselt.
Damit ist er dann mit Schwester Walrika
ein bisschen auf dem See herumgefahren.
Frau Stemmerle und ich standen am Ufer
und haben zugeschaut.
Ein paar Tage später hat Frau Stemmerle
mir erzählt, dass Jasmin sie nachts
nicht mehr besuchen kommt.
„Wissen Sie, Uli, ich habe die Jasmin jetzt
dort draußen am See gelassen.
Ich glaube, sie fühlt sich dort ganz wohl.
Und jetzt hat sie ja auch so ein schönes Boot
mit ihrem Namen drauf.“

Ja, das waren die Worte von Frau Stemmerle.
Und ich habe mich so gefreut,
dass ihr der Ausflug so gut gefallen hat.
Und dann ...

Jetzt kommen mir wirklich die Tränen, Hannes.
Ich muss mich zwingen weiterzuschreiben.
Am nächsten Morgen ist Frau Stemmerle
nämlich nicht mehr aufgewacht.
Und ich mache mir seitdem Vorwürfe,
weil ich sie zu diesem Ausflug überredet habe.
Vielleicht waren die Erinnerungen
an diesen furchtbaren Unfall doch zu viel für sie.
Sie war ja auch nicht mehr die Jüngste.

Auf ihrer Beerdigung habe ich Posaune gespielt
wie ein Irrer.
Die anderen Heim-Bewohner haben geklatscht
und waren begeistert.
Nur der Pfarrer und Herr Stemmerle
haben ein bisschen komisch geguckt.

Ach, Hannes, ich fühle mich so traurig und mutlos.
Wach doch endlich auf!
Oder tu irgendetwas, damit ich weiß,
dass du noch da bist.
Das ist doch nicht zum Aushalten, diese Warterei!

Oktober – ein Brief

Na endlich, Hannes, du hast es geschafft!
Wir sind alle ganz aufgeregt wegen
dem großen Wunder – deine Augen sind offen!
Und du rollst sie hin und her
und schaust dir deine Umgebung an.
Wir wissen nicht, ob du wirklich etwas erkennst,
aber es ist ein Fortschritt.
Meistens guckst du die Wand an.
Na ja, dort gibt es nicht viel zu sehen,
aber immerhin!

Wenn ich mein Gesicht ganz nah an deines halte,
schaust du mich für ein paar Sekunden an.
Ich glaube nicht, dass du mich wirklich erkennst.
Das macht aber nichts, Hannes.
Das Wichtigste ist doch,
dass du jetzt wieder da bist.

Und noch jemand ist da – Neles Baby!
Es ist ein kleines Mädchen.
Sie heißt Johanna Cornelia.
Deine Mutter ist total begeistert
von dem kleinen Ding.
Und sie sagt, sie sieht aus wie du.
Na ja, natürlich sagt sie das.
Das ist ja der größte Wunsch deiner Mutter.

Leider ist das Ergebnis von dem Vaterschafts-Test
noch nicht da.
Wir wissen also noch nicht,
ob du wirklich der Vater bist.

Die Nele wollte dich neulich
mit dem Baby besuchen.
Aber da war nichts zu machen.
Dein Vater sitzt nämlich seit Tagen
an deinem Bett und bewacht dich.
Er erlaubt keinen Besuch von Nele und dem Kind.
Zuerst will er sicher sein, dass du der Vater bist.

Deine Mutter ist natürlich total sauer auf ihn:
„Was glaubst du denn, wer du bist?
Das kleine Mädchen ist auch dein Enkelkind.
Schau sie doch mal an, dann siehst du es selber."
Aber dein Vater hat nur geantwortet:
„Ich will das Ergebnis von dem Test abwarten.
Vorher lasse ich niemanden zu meinem Sohn.
Und jetzt hör mit dem Geschrei auf,
sonst geht es dem Hannes wieder schlecht."

Ich finde, dass dein Vater ein bisschen übertreibt.
Ich habe ihn dann nach Hause geschickt, damit er
sich mal wäscht und frische Klamotten anzieht.
Natürlich musste ich versprechen, dass ich
niemanden zu dir reinlasse, während er nicht da ist.

Ich glaube, im Moment bin ich der Einzige,
mit dem er überhaupt noch spricht.

Also, Hannes, jetzt ist es klar:
du bist der Vater von Johanna Cornelia.
Herzlichen Glückwunsch – das sagt man doch so,
oder?
Deine Mutter ist glücklich und trägt das Baby
den ganzen Tag im Krankenhaus herum.
Sie erzählt jedem Menschen
von ihrer kleinen Enkelin.
Dein Vater hat allerdings schlechte Laune.
Er freut sich nicht besonders über das Baby
und schimpft über seine Frau:
„Du glaubst es nicht, Uli.
Den ganzen Tag telefoniert sie wegen dem Baby.
Bei uns liegen überall Baby-Sachen herum.
Die ganze Wohnung ist voll.
Und überall Fotos von dem kleinen Ding.
Es ist nicht mehr auszuhalten!“

Es macht mich traurig, Hannes,
dass deine Eltern sich so streiten.
Aber da kann ich wohl nichts machen.

Im Heim habe ich jetzt wieder Nacht-Dienst und
vermisse die Gespräche mit Frau Stemmerle.
Ich denke immer noch viel an sie.

Und ich fürchte, dass ich doch irgendwie schuld
an ihrem Tod bin.
Aber Schwester Walrika hat da
eine andere Meinung:
„Uli, jetzt hören Sie mal zu.
Frau Stemmerle wollte schon lange sterben.
Aber dieses Unglück mit der Jasmin
hat sie nicht in Ruhe gelassen.
Erst jetzt hat sich Frau Stemmerle endlich
in ihren Gedanken von der Jasmin getrennt.
Eben da, als wir gemeinsam diesen Ausflug
zum See gemacht haben.
Das hat sie Ihnen doch auch so erzählt, nicht?
Und dann konnte sie auch in Ruhe sterben.
Da müssen Sie überhaupt
kein schlechtes Gewissen haben."

Na ja, wahrscheinlich hat Schwester Walrika recht.
Ich habe eben noch nicht so viel Erfahrung
mit dem Sterben.
Besonders bei Menschen, die ich gemocht habe.

Es gibt ja auch genug mit den Lebenden zu tun.
Mit dem Florian zum Beispiel.
Nach der Beerdigung von Frau Stemmerle
wollte er erst mal wieder bei uns im Heim leben.
Der Herr Stemmerle meinte ja, dass er es gut finden
würde, wenn sich jemand um das Haus kümmert.

Und ob nicht der Florian das übernehmen will.
Weil er sich die ganze Zeit so gut
um den Garten gekümmert hat.
Aber Florian wollte nicht allein
dort draußen bleiben.
Jetzt hat er seine Meinung allerdings geändert.
Ich habe ihn heute rausgefahren.

Die hübsche Zina hat ihn nämlich
zweimal hier im Heim besucht.
Sie möchte wohl, dass er wieder
zum Starnberger See kommt.
Die beiden sind im Garten spazieren gegangen
und haben Händchen gehalten.
Schwester Walrika hat dann zu mir gesagt:
„Ich finde, dass die beiden jungen Leute ganz
ausgezeichnet zusammen passen.
Sie bringt den Florian zum Lachen
und das ist gut für unseren schweigsamen Jungen."

Herr Stemmerle war damit einverstanden,
dass die beiden erst mal in der Villa wohnen.
Er möchte das Haus nicht verkaufen,
aber wohnen möchte er dort auch nicht.
Florian kann also wieder im Garten rumwerkeln
und ist nicht alleine in dem großen Haus.
Und Zina kümmert sich um das Haus
und um den Florian.

So, Hannes, jetzt muss es bei dir
aber auch weitergehen mit dem Gesundwerden.
Du liegst hier einfach schon zu lange rum.
Streng dich mal an!

November – der erste Brief

Hallo Hannes,
wir freuen uns alle, dass du tatsächlich der Vater von dem kleinen Mädchen bist.
Nele sitzt jetzt jeden Tag mit dem Baby an deinem Bett.
Sie macht ein stolzes Gesicht und fühlt sich wie eine Königin.

Dein Vater guckt weder das Kind noch die Nele an.
Er kommt dich nur ganz früh am Morgen besuchen.
Er hat immer noch eine Stink-Laune und will von zu Hause ausziehen.
Deine Mutter findet das Benehmen von deinem Vater lächerlich.
Sie kümmert sich gar nicht darum.
Sie und Nele sind nur mit dem kleinen Mädchen beschäftigt.

Ich habe ihnen neulich vorgeschlagen, dass sie es dir mal auf den Bauch legen.
Damit du es richtig spüren kannst.
Das haben sie dann auch gemacht.
Ich stand draußen vor der Tür, weil ich dich zurzeit nicht besuchen darf.
Wegen so einer blöden Erkältung.
Du weißt ja, Keime und so.

Ich habe also durch das kleine Tür-Fenster geguckt.
So habe ich auch als Erster die Träne bemerkt,
die dein Gesicht runtergelaufen ist.
Ich bin dann schnell weggegangen,
damit ich nicht auch noch anfange zu heulen.

Dem Kalle geht es übrigens gerade nicht so gut.
Er hatte wohl gehofft, dass es sein Baby ist.
Zur Nele hat er gesagt,
dass er ein paar Tage Ruhe braucht.
Ich war gerade mit dem Brenninger in der Kneipe,
als Rick reinkam und Kalle gesucht hat.

„Kalle geht nicht ans Telefon und die Tür macht er
auch nicht auf. Hoffentlich ist da alles in Ordnung."
Rick hat sich richtig Sorgen gemacht.
Wir sind dann alle drei zum Kalle,
um mal nachzuschauen, was mit ihm los ist.
Wir haben an die Tür geklopft und gerufen,
aber es war nichts zu hören.
Da haben wir die Tür eingetreten
und sind in die Wohnung.
Kalle, dieser Idiot, saß total betrunken
in seinem Sessel.
Wir haben ihn wie verrückt geschüttelt,
damit er wieder zu sich kommt.
Er hat uns dann mit lallender Stimme beschimpft
und sich selbst bemitleidet.

Jeder würde über ihn lachen.
Er wäre doch nur der große Verlierer und so weiter.
Wir haben ihn dann unter die kalte Dusche gestellt
und ihm neue Klamotten angezogen.
Dann gab es Kaffee und Rühreier.

Nach dem Essen ging es ihm etwas besser.
Wir sind trotzdem die ganze Nacht
bei ihm geblieben.
Irgendwann sind wir dann alle eingeschlafen.

Weißt du, Hannes, das ist ja eigentlich normal,
dass Freunde sich gegenseitig helfen.
Aber wir haben uns wegen dem Baby
und anderen Sachen so gestritten!
Das kannst du gar nicht glauben.
Deswegen war ich wirklich froh,
dass wir jetzt wieder miteinander reden.
Endlich benehmen wir uns wieder wie Freunde.

Ich bin ein paar Tage später noch mal
beim Kalle vorbeigefahren.
Er hat die Tür nur ein Stück aufgemacht
und hat wieder gesagt,
dass er seine Ruhe haben will.
Jedenfalls hat er mir versprochen,
keinen Blödsinn zu machen.
Na ja, wenigstens etwas!

So, und du hast jetzt einen lustigen Typen
an deiner Seite, der mit dir Sportübungen macht.
Ich habe ihn neulich in deinem Zimmer getroffen,
als er deine Beine hoch und runter gehoben hat.
Er hat behauptet, du würdest gerne Sport machen
und dabei David Bowie hören.
Da hast du gegrinst – ich habe es deutlich gesehen!
Und der Sport-Typ hat es mir auch bestätigt:
„Na klar grinst der Hannes.
Er mag meine Sport-Übungen."

Später habe ich mich noch mal mit
Doktor Schnauzbart über dich unterhalten.
Er will mir keine zu großen Hoffnungen machen,
sagt er.
„Es ist vieles möglich, was mit Ihrem Freund
Hannes passieren kann.
Vielleicht wird er wieder ganz gesund.
Vielleicht bleibt er so, wie er jetzt ist.
Vielleicht wird auch alles wieder schlechter
und er stirbt eines Tages.
Wir haben alle möglichen Untersuchungen gemacht.
Aber auch wir Ärzte können die Zukunft nicht
voraussagen. Sie müssen einfach Geduld haben."

Ja, genau das ist mein Problem, Hannes – diese
Geduld habe ich nach diesen vielen Monaten
nicht mehr!

November – der zweite Brief

Hallo Hannes,
ich kann es kaum glauben, aber es ist wahr!
Du sitzt jetzt in einem Rollstuhl
und schaust zum Fenster raus.
Dein Kopf wackelt zwar noch ein bisschen
und deine Augen rollen hin und her.
Aber du liegst nicht mehr
wie ein Stück Holz im Bett.
Und wenn ich dir die Hand gebe,
drückst du sie auch.
Ich könnte schreien vor Freude.

Leider gibt es sonst niemanden,
der sich über deine Fortschritte freut.
Außer deiner Mutter natürlich.

Sonst höre ich nur die blödesten Ausreden,
warum dich keiner mehr besuchen kommt.
„Das ist nicht mehr unser Freund Hannes,
wie er früher mal war.
Er liegt seit Monaten wie ein Toter in seinem Bett.
Das wird doch nichts mehr mit dem.
Du bildest dir nur was ein, Uli.
Weil du die Wahrheit nicht begreifen willst.
Ich kann den Anblick jedenfalls
nicht mehr ertragen."

Das hat mir der Brenninger neulich
an den Kopf geknallt.
Wir saßen in unserer Stammkneipe und haben
mal wieder ein Bier zusammen getrunken.
Und als Rick dazu gekommen ist,
hat der den gleichen Scheiß geredet.
Na und Kalle erst, dieser Jammerlappen:
„Ich schäme mich so vor dem Hannes.
Ich kann ihn nicht mehr
im Krankenhaus besuchen."

Was sind das nur für Freunde?
Kaum zu glauben, dass wir mit diesen Idioten
befreundet waren.

Den größten Schock habe ich allerdings
bei der Nele bekommen.
Ich bin bei ihr zu Hause vorbeigefahren
und habe mir die Kleine angeguckt.
Und dann hat Nele zu mir gesagt:
„Ich gehe mit der Kleinen nicht mehr ins
Krankenhaus. Ich möchte nicht,
dass sie ihren Vater in so einem Zustand sieht.
Davon bekommt die Kleine schlechte Träume."
Ich konnte den Quatsch erst nicht glauben,
aber dann hat sie mir den wahren Grund gesagt:
„Ich habe mich in den Kalle verliebt.
Ich kann den Hannes jetzt nicht mehr besuchen."

Das ist doch wohl nicht wahr!
Ich bin sofort zum Kalle gefahren und wollte hören,
was er dazu sagt.
Und du wirst es nicht glauben,
aber Kalle hat es gleich zugegeben:
„Ja, Nele und ich haben uns ineinander verliebt.
Das ist halt so passiert.“

Ach, Hannes, mein Freund,
jetzt sind nur noch wir zwei übrig.
Ich freue mich so über dein Augen-Rollen
und Hände-Drücken.
Aber dieses dumme Gerede von unseren Freunden
macht mich wirklich traurig.

Dezember – ein Brief

Hallo Hannes,
heute schreibe ich dir erst mal
ein paar schöne Dinge auf.
Bei uns im Heim war neulich Weihnachts-Basar.
Die Heim-Bewohner waren ganz aufgeregt,
ob jemand ihre selbst gebastelten Sachen
und selbst gebackenen Plätzchen kauft.
Florian hatte den Garten wieder wunderschön
mit Lichter-Ketten und Girlanden dekoriert.
Es kamen ganz viele Besucher.
Wir wussten gar nicht wohin
mit den ganzen Menschen.
Die Bastel-Arbeiten und Plätzchen
waren ratzfatz ausverkauft.
Schwester Walrika hat abends ziemlich lange
gebraucht, um das ganze Geld zu zählen.
Zu mir hat sie dann gesagt:
„Das war wirklich ein toller Tag, Uli.
So was müssen wir nächstes Jahr wieder machen."

Mir ist aber eingefallen,
dass ich ja bald mit meinem Zivi-Jahr fertig bin.
Ich werde also nächstes Jahr zu Weihnachten
gar nicht mehr hier im Heim sein.
Irgendwie hat mich dieser Gedanke
richtig traurig gemacht.

Ich habe mich so an die Heim-Bewohner
und an Schwester Walrika gewöhnt.
Na ja, so ist das Leben:
Kaum ist etwas schön, ist es auch schon vorbei.

Das gilt natürlich nicht für dich, Hannes.
Du darfst jetzt Schleim-Suppe essen
und musst nicht mehr künstlich ernährt werden.
Und wenn ich im Zimmer bin, drehst du deinen Kopf
in meine Richtung und grinst.
Das ist doch schon mal was, oder?
Du bist aber auch ein richtiger Fuchs:
Wenn ich dir die Sportseiten vorlese oder deine
Hände massiere, guckst du zum Fenster raus –
langweilig!
Wenn ich dir etwas Spannendes erzähle,
guckst du mich an und grinst.

Deswegen bin ich auch
auf diese verrückte Idee gekommen:
Ich habe dich im Krankenhaus herumgefahren.
Wir sind mit dem Aufzug rauf und runter
und durch alle möglichen Flure gerollt.
Ab und zu haben wir aus einem Fenster geguckt
und die ersten Schneeflocken gesehen.
Danach hast du mich mit deinem Wackel-Kopf
angeschaut und lange meine Hand gedrückt.
Das hat dir also gefallen, unser kleiner Ausflug!

Ich habe allerdings überhaupt nicht daran gedacht,
dass ich dich damit auch in Gefahr bringe.
Doktor Schnauzbart hat mir ein paar Tage später
einen langen Vortrag deswegen gehalten:
„Sie sind einfach mit Ihrem Freund losgefahren,
ohne an seinen Schutz zu denken.
Sie wissen doch, dass es hier jede Menge Keime gibt.
Und ständig zieht es hier, weil die Türen
immer auf und zu gehen.
Sie haben nicht mal im Schwestern-Zimmer
Bescheid gesagt.
Was haben Sie sich bloß dabei gedacht?"

Tja, da war die Freude über dein kurzes Glück
auch schon wieder weg.
Natürlich hat Doktor Schnauzbart recht.
Ich wollte dir halt nur eine Freude machen,
weil du so lange in deinem Bett rumliegen musstest.
Und du hast dich ja auch über diesen Ausflug
gefreut. Na ja, war wohl doch keine gute Idee!

Deine Mutter hat dich übrigens auch
mit etwas Schönem überrascht.
Nele und Kalle haben beide eine böse Grippe
und liegen beide flach.
Deshalb kümmert sich deine Mutter jetzt
wieder um das Baby.
Und am Heiligabend haben deine Mutter,

die kleine Johanna Cornelia und ich dich besucht.
Du hast die ganze Zeit deine kleine Tochter
angestarrt. Die hat ganz ruhig auf dem Schoss
von deiner Mutter geschlafen.
Etwas anderes hat dich gar nicht interessiert.
Nur dieses kleine Ding war dir
in dem Moment wichtig.
Ich bin schnell wieder gegangen.
Mir sind vor lauter Gefühlen
schon die Tränen gekommen.

Im Heim habe ich später für die Bewohner
ein paar Weihnachts-Lieder
mit der Posaune gespielt.
Das Schönste für mich ist immer,
wenn alle klatschen wie verrückt.
Das zeigt mir, dass es ihnen gefallen hat.
Aber das Beste an dem Abend im Heim war
das Weihnachts-Geschenk.
Schwester Walrika hat es mir überreicht:
Ein Arbeits-Vertrag mit einem guten Gehalt,
der für mein ganzes Leben gilt.
Ich brauche nur noch meine Unterschrift
darunter kritzeln.
Dazu hatte jeder Heim-Bewohner aufgeschrieben,
warum ich unbedingt weiter hier arbeiten soll.
Zum Beispiel, weil ich so gute Musik mache.
Oder weil ich die besten Butter-Brötchen schmiere.

Das war alles so nett und lieb,
da sind mir gleich wieder die Tränen gekommen.

Gegen diese ganzen Gefühls-Sachen hilft eigentlich
nur eine Menge Bier.
Also bin ich wie jedes Jahr an Weihnachten
zu unserer Stamm-Kneipe gefahren.
Der Brenninger und Rick waren auch schon da
und wir haben zusammen Bier getrunken.
Leider habe ich irgendwann angefangen,
die beiden ziemlich laut anzuschreien.
Weil sie dich nicht mehr besuchen kommen.
Weil sie in meinen Augen dumme Feiglinge sind
und so weiter.
Der Wirt ist dann an unseren Tisch gekommen
und hat gesagt, ich soll damit aufhören.
Heute ist schließlich Weihnachten.
Wir sind dann alle drei zu dir ins Krankenhaus
gefahren und haben dich gemeinsam besucht.
Du hast komische Geräusche gemacht,
die wohl ein Lachen sein sollten.
Wir haben dir Geschichten erzählt
und in dem Moment war alles so wie früher.
Ich hoffe auf das neue Jahr, Hannes,
und dass es dir jeden Tag besser geht.

Januar – ein Brief

Ein gutes neues Jahr für dich, Hannes!
Du hättest dich totgelacht,
wenn du mich gestern Abend gesehen hättest.
Schwester Walrika und ich haben nämlich
im Heim Theater gespielt.
Das hatte sich Schwester Walrika gewünscht.
Unsere Verkleidung war so gut,
dass die Heim-Bewohner vor Lachen fast
von den Stühlen gefallen wären.
Die Stimmung war großartig.
Danach gab es Gulasch-Suppe und Malzbier
und um Mitternacht auch ein Feuerwerk.
Schwester Walrika wollte natürlich
alle Silvester-Raketen selber anzünden.
Dabei hat sie mit ihrer wallenden Kutte
Feuer gefangen.
Wir konnten sie aber schnell löschen.

Ich war dann noch in unserer Stamm-Kneipe.
Da gab es auch eine Silvester-Party.
In einer Ecke stand Rick.
Ich konnte es erst mal gar nicht glauben:
Er hat sich alle Haare und den Bart abrasieren lassen.
Das sah so komisch aus, dass ich ihn erst mal eine
Weile angestarrt habe.
Das hat ihm natürlich nicht gefallen.

Später hat er angefangen rumzujammern.
Er wollte seine Haare gerne wiederhaben.
Na ja, selber schuld, sage ich da nur!

Bei dir bin ich frühmorgens auch noch
schnell vorbeigekommen, aber du hast geschlafen.
Alle Patienten haben ja Beruhigungs-Mittel
bekommen, damit euch die Silvester-Knallerei
nicht so aufregt.
Bei dir hat das offenbar gut gewirkt.

Zu Hause habe ich noch meine Eltern angerufen
und ihnen ein gutes neues Jahr gewünscht.
Meine Eltern wollten auch wissen, wie es dir geht.
Ich habe ihnen von deinen Fortschritten erzählt.
Sie haben sich sehr gefreut
und wünschen dir auch alles Gute.
Ganz nebenbei sagte mir meine Mutter auch noch,
dass sie gerade mit deiner Mutter telefoniert hat.
Und dass deine Mutter am Telefon so gehustet hat.
Ich habe das zwar gehört,
aber nicht wirklich verstanden.
Erst als ich im Bett lag und versucht habe,
einzuschlafen, ist mir dieser Satz wieder eingefallen.
Ich habe beinahe einen Schock bekommen:
deine Mutter hat gehustet!
Das heißt, dass sie sich möglicherweise bei Nele
mit der Grippe angesteckt hat.

Und vorgestern hat sie bei dir am Bett gesessen!
Ich bin sofort aus dem Bett raus
und ins Krankenhaus gefahren.

Doktor Schnauzbart war leider nicht da.
Aber die Schwestern haben meine Angst
sofort verstanden und mit ihm telefoniert.
Er ist dann auch ziemlich schnell ins Krankenhaus
gekommen und hat mit mir gesprochen.
Sie werden jetzt einen Arzt zu deiner Mutter
schicken, um herauszufinden, was sie wirklich hat.
Vielleicht ist es ja nur eine kleine Erkältung.
Das wäre auch nicht gut,
aber nicht so schlimm wie diese blöde Grippe.

Ach, Hannes, ich könnte heulen!
Es ist diese blöde Grippe,
die deine Mutter erwischt hat.
Und möglicherweise hat sie dich auch
damit angesteckt.
Das heißt, du darfst wieder keinen Besuch haben.
Sie haben ein großes Plastikzelt
um dich herum aufgebaut.
Darunter bist du vollkommen geschützt.
Wegen der Keime und so.

Ich kann dich also gar nicht sehen,
nicht mal wie sonst durch das kleine Tür-Fenster.

Dein Vater ist übrigens wieder zurückgekommen.
Er kümmert sich jetzt um deine Mutter und das Baby.
Der Nele geht es auch schon wieder besser
und sie hilft ihm dabei.
Ich habe mich wirklich gefreut, als ich deinen Vater
mit dem Baby auf dem Arm gesehen habe.
Wenigstens etwas Gutes hat diese blöde Grippe
also gebracht.

Leider kann ich das für dich nicht sagen, Hannes.
Dir geht es wirklich schlecht.
Du hast Fieber und musst dich ständig übergeben.
Ich bin irgendwann einfach zu dir ins Zimmer,
weil ich dich nicht mehr allein lassen wollte.
Doktor Schnauzbart war natürlich nicht
damit einverstanden, aber das war mir egal.
Ich habe mir einfach einen Mund-Schutz
umgemacht und sitze jetzt an deinem Bett.
Ab und zu sauge ich dir den Schleim aus dem Hals,
damit du wieder Luft bekommst.
Aber du bist sehr schwach.
Es gibt auch kein Grinsen und Hände-Drücken mehr.
Manchmal versuchst du zu lächeln,
aber das kann ich kaum erkennen.

Draußen vor der Tür sitzen die anderen.
Dein Vater, Nele und das Baby, Kalle und Rick.
Der Brenninger kommt ab und zu vorbei.

Er bringt dann immer Schnittchen mit.
Deine Mutter ist allerdings noch zu schwach
und liegt im Bett.
Sie sitzen alle da und schweigen.
Manchmal halten sie sich gegenseitig
an den Händen.
Es ist wirklich eine traurige Runde dort draußen,
aber sie sind alle da.

Und dann kommt auch noch Doktor Schnauzbart an
und erzählt mir dummes Zeug:
„Sie sollten Ihren Freund loslassen, Uli.
Ich habe es auch schon seinen Eltern gesagt.
Es wird für ihn keine Verbesserungen mehr geben.
Sein Gehirn ist bei dem Unfall
sehr schwer verletzt worden.
Er wird nie wieder ein normaler Mensch sein.
Ihr Freund wird immer im Rollstuhl sitzen müssen.
Jeder kleinste Keim kann ihn krank machen.
Er lebt nur noch, weil Sie ständig bei ihm sind.
Lassen Sie Ihren Freund in Frieden sterben, Uli!“

Ich hätte dem Schnauzbart eine reinhauen können.
Ich war so sauer!
Was bildet sich dieser Typ eigentlich ein?
Ich bleibe jedenfalls hier bei dir.
Und ich werde die Hoffnung nicht aufgeben.

Februar – ein Jahr danach

Hannes, du hast dich einfach davongeschlichen!

Diese blöde Grippe hat mich auch erwischt
und ich habe es nicht mal gemerkt.
Aber Schwester Walrika hat es gleich gesehen.
Sie hat mich gesucht, weil ich nicht mehr zur Arbeit
gekommen bin.
Und sie hat mich total erschöpft
an deinem Bett gefunden.
Sie hat mich sofort ins Heim gebracht
und in ein leeres Bett gesteckt.
Sie hat Tee gekocht und kalte Umschläge gemacht.
Sie war einfach die ganze Zeit für mich da.

Und als ich mal alleine war, hast du mich besucht.
Ich habe dich gefragt, was du hier machst,
und du hast geantwortet:
„Tja, Uli, mein Freund, was mache ich hier?
Ich wollte mich bei dir bedanken
für deine Freundschaft.
Es war eine tolle Zeit mit dir.
Ich bin froh, dass ich so einen Freund wie dich hatte.
Ich konnte letztes Jahr auf dieser Straße
noch nicht sterben.
Ich musste erst von dir und meiner Familie
und meinen Freunden Abschied nehmen.

Es hat mich auch sehr gefreut, dass ich
meine kleine Tochter sehen und spüren konnte.
Das hat mich sehr glücklich gemacht.
Aber jetzt ist es Zeit für mich zu gehen, Uli."

„Aber ich brauche dich hier, du Idiot!",
habe ich dich angeschrieen.

„Nein, Uli, du brauchst mich nicht.
Schau dich mal um!
Du hast so viele tolle Menschen um dich herum,
die dich alle mögen.
Ich war nur ein Teil von deinem Leben.
Natürlich hätte ich gerne noch weiter gelebt,
aber das geht eben nicht.
Die Briefe, die du für mich geschrieben hast,
gibst du bitte später mal meiner Tochter.
Damit sie lesen kann, was für eine tolle
Freundschaft du und ich hatten.
Und jetzt mach es gut, Uli."

Ich habe noch mal geschrieen:
„Du kannst nicht einfach so abhauen,
du Blödmann!"

Natürlich warst du nicht wirklich da.
Ich hatte nur einen Fieber-Traum.
Und mein Geschrei hat auch nichts genützt.

Ein paar Tage später haben meine Eltern
mich besucht.
Sie haben mir erzählt, dass du diese Grippe
nicht überlebt hast.
Und dass du auch schon beerdigt worden bist.
Ich war so lange krank, dass ich dich nicht mal
auf deinem letzten Weg begleiten konnte, Hannes.

Aber du hast natürlich recht.
Ich habe ein eigenes Leben.
Und damit fange ich jetzt an.
Ich werde erst mal nach Neuseeland gehen
und dort eine Weile bleiben.
An deinem Grab bin ich bis jetzt nicht gewesen.
Das schaffe ich noch nicht.
Vielleicht, wenn ich aus Neuseeland zurückkomme.

Tschüss, Hannes!

Wörter-Liste

Seite 8: Psychologin
Eine besondere Ärztin. Zu einer Psychologin geht man nicht, weil einem etwas weh tut oder weil man eine Krankheit am Körper hat. Die Psychologin hilft einem, wenn man Schwierigkeiten mit seinen Gefühlen hat. Oder die Welt und die Menschen nicht versteht.

Seite 9: Koma
Eine Art tiefer Schlaf. Meistens fällt ein Mensch ins Koma, wenn er einen schweren Unfall mit Kopf-Verletzungen hatte.
Er liegt dann bewegungslos im Bett und muss künstlich ernährt werden.

Seite 11: Ungewissheit
wenn man nicht weiß, was in den nächsten Tagen passieren wird

Seite 12: Zivi
Abkürzung für „Zivil-Dienst-Leistender".
Früher war es für junge Männer Pflicht, eine Weile bei der Bundeswehr zu arbeiten. Wenn ein junger Mann nicht zur Bundeswehr gehen wollte, musste er ein Jahr lang Zivil-Dienst machen. Zivil heißt „bürgerlich", also „nicht militärisch".

Zivil-Dienst konnte man zum Beispiel in einem Krankenhaus oder einem Pflege-Heim machen. So wie heute das Freiwillige Soziale Jahr.

Seite 13: Nonne
Eine religiöse Frau, die für die katholische Kirche arbeitet. Eine Nonne darf nicht heiraten und lebt meistens in einer besonderen Frauen-Gemeinschaft, einem Kloster. Eine Nonne trägt ein langes Kleid, das „Kutte" genannt wird.

Seite 19: öde
hier: langweilig

Seite 21: Posaune
ein Blas-Instrument aus Blech

Seite 23: Starnberger See
ein großer See in der Nähe von München

Seite 25: Schnittchen
kleine belegte Brote

Seite 27: heißer Feger
umgangs-sprachlich: eine Frau, die sexy aussieht

Seite 28: Affäre
hier: eine Liebes-Beziehung

Seite 34: krass
umgangs-sprachlich: unglaublich

Seite 37: Villa
ein sehr großes und teures Haus, meistens mit einem großen Garten

Seite 38: Personal
hier: zum Beispiel Gärtner, Köchin, Putzfrau

Seite 42: Keime
hier: Krankheits-Erreger. Für gesunde Menschen sind Keime ungefährlich. Aber für Menschen, die durch ihre Krankheit geschwächt sind, können Keime lebensgefährlich sein. Deswegen ist ein Besuch bei solchen Kranken nur mit Schutz-Kleidung erlaubt.

Seite 51: Blablabla
umgangs-sprachlich: dummes Gerede

Seite 60: rumwerkeln
umgangs-sprachlich: an etwas arbeiten oder auch basteln

Seite 63: lallend
wenn man viel Alkohol getrunken hat und nicht mehr richtig sprechen kann

Seite 65: David Bowie
englischer Pop-Musiker

Seite 67: Jammerlappen
umgangs-sprachlich: ein Mensch, der ohne Grund viel jammert

Seite 69: Weihnachts-Basar
ein Fest vor Weihnachten, wo selbst gebastelte Sachen verkauft werden

Seite 69: ratzfatz
umgangs-sprachlich: schnell

Inhalt

Einleitung

Der „Baron Münchhausen“ lebte von 1720 bis 1797. Eigentlich hieß er Hieronymus Carl Friedrich Freiherr von Münchhausen.

Der Baron konnte gut Geschichten erzählen und hatte viel Fantasie.
Er erzählte seinen Freunden die verrücktesten Geschichten.
Das tat er aber mit ernstem Gesicht.
So als wären die Geschichten alle wahr.
Aber der Baron hat sich alles nur ausgedacht.
Er erzählte lustige, verrückte Lügen.

Einer seiner Zuhörer war Rudolf Raspe.
Raspe schrieb alle Geschichten auf,
die Münchhausen erzählte.
Das machte er allerdings,
ohne dem Baron etwas zu sagen.
Die Geschichten kamen 1785 als Buch heraus.
Das Buch war ein großer Erfolg.

Doch für Münchhausen war das Ganze
weniger lustig.

Durch das Buch bekam er
den Spitznamen „Lügenbaron“.
Deshalb erzählte er seinen Besuchern
nie wieder Geschichten.
1797 starb er als enttäuschter Mann.
Doch zum Glück sind uns
seine wunderbaren Geschichten geblieben.

Kapitel 1: Die Reise nach Russland

Das Pferd auf dem Kirchturm

Ich reite von Deutschland nach Russland.
Ich will die Hauptstadt von Russland besuchen:
Sankt Petersburg.
Unterwegs durchquere ich mit meinem Pferd
Polen. Dort ist es eiskalt und es schneit.
Ich bin froh, dass ich warme Kleider anhabe.
Aber es schneit und schneit.
Du lieber Himmel!
So viel Schnee habe ich noch nie gesehen.

Ich reite, bis es dunkel wird.
Nirgendwo sehe ich Dörfer. Oder Menschen.
Niemand ist draußen unterwegs.
Die ganze Welt ist mit Schnee bedeckt.
Ach, ich bin so müde. Ich muss dringend schlafen.
Ich steige vom Pferd und binde es an etwas fest,
das aus dem Schnee herausragt.
Es schneit so stark, dass ich nicht sehen kann,
was es ist. Ich glaube, es ist ein Pfahl.

Ich lege mich in der Nähe in den weichen Schnee.
Meine dicke Jacke dient mir als Decke.
Zur Sicherheit lege ich meine beiden Pistolen
neben mich. Für den Fall, dass ein Bär kommt.
Dann falle ich in einen tiefen Schlaf.

Als ich am nächsten Tag aufwache,
traue ich meinen Augen nicht.
Ich liege auf einem Friedhof.
Mein Pferd ist verschwunden.
Dann höre ich hoch über mir ein Pferd wiehern.
Ich schaue nach oben. Da hängt ja mein Pferd!
Oben auf dem Kirchturm,
an einem Wetterhahn aus Kupfer.
Nanu, wie kann das denn sein?

Zum Glück bin ich schlau.
Bald wird mir klar, was geschehen ist.
Gestern war das Dorf ganz von Schnee bedeckt.
Aber in der Nacht hat es getaut.
Im Schlaf sackte ich immer tiefer.
Bis ich schließlich auf dem Friedhof lag.

Als der Schnee schmolz, kam auch
der Kirchturm wieder zum Vorschein.

Ich hatte mein Pferd also nicht
an einem Pfahl festgebunden.
Sondern an dem Hahn auf dem Kirchturm!

Das Pferd wiehert voller Angst.
Ich greife nach einer Pistole.
Ich ziele gut und schieße auf den Riemen,
den das Pferd um den Hals hat.
Das Pferd fliegt durch die Luft
und landet auf dem Boden.
Kurze Zeit später sitze ich wieder
auf meinem Pferd und reite weiter.
Auf geht es zur schönen Stadt Sankt Petersburg!

Der Wolf und der Schlitten

Endlich bin ich in Russland.
Hier reisen die Menschen mit dem Schlitten.
Ich kaufe einen Schlitten und spanne das Pferd
davor. Jetzt geht die Reise viel schneller.
Ach, wie sanft ich dahingleite!

Als wir durch einen dunklen Wald kommen,
passiert etwas Schreckliches.

Ein großer Wolf verfolgt uns.
Eins ist klar: Der Wolf hat Hunger.
Er ist sehr schnell und wird uns einholen.
Da bin ich mir sicher.
Wir können ihm nicht mehr entkommen!

Ich lege mich im Schlitten auf den Boden
und lasse die Zügel los.
Der Wolf springt über mich hinweg.
Er landet auf dem Pferd.
Vor Angst und Schmerz rennt das arme Pferd
noch schneller. Der Wolf beißt dem Pferd
ins Hinterteil und fängt an zu fressen.
Er frisst sich durch den ganzen Pferdeleib
hindurch.

Als das Pferd fast aufgefressen ist,
stehe ich auf.
Mit der Peitsche schlage ich auf den Wolf ein.
Der Wolf gerät in Panik und frisst noch schneller.
Was vom Pferd übrig ist, fällt zu Boden.
Und der Wolf steckt in den Pferderiemen fest.

Jetzt zieht nicht mehr das Pferd den Schlitten,
sondern der Wolf!

Ich schlage immer weiter
mit der Peitsche auf den Wolf ein.
Der Wolf zieht den Schlitten mit großer
Geschwindigkeit durch den Schnee.
So kommen wir in Sankt Petersburg an.
Die Menschen dort sind natürlich erstaunt.
Ein Wolf, der einen Schlitten zieht:
So etwas haben sie noch nie gesehen!

Der alte General

In Sankt Petersburg weiß man,
wie man sich benimmt.
Einem Besucher bietet man dort
immer Wodka oder Branntwein an.
Vor allem, wenn der Besucher adlig ist, wie ich.
Monatelang besuche ich andere adlige Herren
in Sankt Petersburg.
Wir spielen Karten und trinken viel Alkohol.
Ja, ja, in Russland wissen sie, was trinken ist.

Aber der beste Trinker ist ein alter General.
Er kann unglaublich viel trinken,
ohne betrunken zu werden.

Der General hat eine knallrote Nase
und behält immer den Hut auf.
Ich fragte ihn, warum er das macht.
Er erzählte, dass ihm ein Teil vom Schädel fehlt.
Er verlor ihn bei einem Kampf gegen die Türken.
Deshalb nimmt er den Hut nie ab.

Eines Abends sitze ich neben ihm am Tisch.
Zum Essen trinkt der General
drei Flaschen Branntwein.
Bei der Nachspeise trinkt er
eine Flasche Wodka leer.
Aber betrunken wird er nicht.
Mir ist das ein Rätsel.
Wie kann das nur sein?

Dann entdecke ich das Geheimnis.
Der General hat eine komische Angewohnheit.
Beim Essen hebt er ab und zu den Hut.
Ich sehe, dass auf seinem Schädel
eine Metallplatte liegt.
Die hebt er mit hoch, wenn er den Hut lüftet.
Und dann steigt dünner Rauch
aus dem Schädel auf.
Der Alkohol verdampft also in seinem Schädel!

Ich erzähle es meinen Freunden,
aber die glauben mir nicht.
Eines Abends sind sie auch zu Besuch.
Jetzt können sie sich selbst davon überzeugen,
dass es wahr ist.

Ich stelle mich hinter den alten General.
In meinem Mund steckt eine Pfeife.
Der General trinkt und hebt kurz
seinen Hut hoch.
In diesem Moment strecke ich
meine brennende Pfeife nach vorn.
Sofort gibt es eine Flamme im Schädel.

Der General weiß gleich, was ich getan habe.
Er findet es sehr lustig.
Sobald ein neuer Gast am Tisch sitzt,
machen wir das Gleiche:
Der General trinkt und hebt seinen Hut hoch.
Ich zeige, wie eine Stichflamme
aus dem Schädel kommt.
Alle genießen das Schauspiel
mit dem brennenden Kopf!

Kapitel 2: Jagdgeschichten

Die wilden Enten

Ich habe in Sankt Petersburg ein Haus gemietet.
Dort treffe ich mich mit meinen Freunden.
Wir gehen auch oft gemeinsam auf die Jagd.
Eigentlich jage ich am liebsten allein.
Dann erlebt man seltsame Dinge.
Wie heute.

Ich komme an einem See vorbei,
in dem sieben wilde Enten schwimmen.
Ach, das erscheint mir eine köstliche Mahlzeit
für meine Gäste. Ich habe jedoch nur noch
eine Kugel in meinem Gewehr.
Trotzdem will ich alle sieben Enten fangen.
Wie schaffe ich das nur?

In meiner Tasche habe ich ein Stück Speck
und eine Angelschnur.
Ich binde den Speck an die Schnur.
Dann verstecke ich mich im Schilf

und werfe den Speck ins Wasser.
Eine Ente schluckt den Speck hinunter.
Am anderen Ende kommt der Speck jedoch
gleich wieder heraus!
Dann schluckt die zweite Ente den Speck.
Und das geht so weiter, bis alle Enten
den Speck geschluckt haben.
Jetzt habe ich alle Enten wie Perlen
an einer Schnur.

Zufrieden gehe ich mit den Enten nach Hause.
Aber es ist weit zu Fuß.
Die Enten scheinen immer schwerer zu werden.
Ich schwitze und mir tun die Beine weh.
Auf einmal habe ich die Lösung für das Problem.
Die Enten sind ängstlich und wollen weg.
Sie schlagen so heftig mit den Flügeln,
dass wir vom Boden abheben.

Wir fliegen immer höher.
Bis die Erde unter uns winzig klein ist.
Was jetzt?
Bald entdecke ich,
dass ich mit meiner weiten Jacke steuern kann.
Ich öffne die Jacke und benutze sie wie Flügel.

So steuere ich die Enten
auf mein Haus zu.

Als ich mein Haus unter mir erkenne,
ziehe ich an der Angelschnur.
Ich drehe den Enten nacheinander den Hals um,
bis alle tot sind.

Ich falle nach unten und lande
auf dem Schornstein über meiner Küche.
Der Koch erschrickt furchtbar:
Auf einmal landet da sein Herr
mit sieben toten Enten im Kamin!
Aber gut, heute Abend genießen
meine Gäste und ich ein Festmahl.

Der schwarze Fuchs

Im Wald begegne ich einem wunderschönen,
schwarzen Fuchs. Ach, wie schön sein Pelz ist!
Ich habe mein Gewehr dabei,
aber ich will kein Loch in den Pelz schießen.
Der Fuchs steht jetzt vor einem Baum.
Ich habe eine gute Idee.

Schnell stecke ich einen Nagel in mein Gewehr.
Ich ziele auf den Schwanz und schieße.
Der Fuchs ist jetzt mit dem Schwanz
an den Baum genagelt.
Mit dem Messer in der Hand renne ich
auf den Fuchs zu.
Am Kopf mache ich einen Schnitt.
Dann ziehe ich ihm das Fell ab.
Ach, wie schön der Pelz ist.
Und ganz ohne Löcher.

Das Wildschwein und der Baum

Wildschweine können sehr gefährlich sein.
Ich habe mal wieder Pech.
Mitten im Wald begegne ich
einem wütenden Wildschwein.
Auf einmal taucht es aus dem Gebüsch auf
und rennt wütend auf mich zu.

Das Schwein ist riesengroß
und hat ebenso riesige Zähne.
Als es mich fast erreicht hat,
springe ich hinter eine Eiche.

Das Schwein rennt gegen den Baum.
Die Zähne bohren sich in den Stamm.
Jetzt kann es weder vorwärts noch rückwärts.
Ha, denke ich, jetzt hab ich dich!
Mit einem Stein schlage ich auf die Zähne,
bis sie krumm sind.
Das Schwein kann jetzt nicht mehr fliehen.
In aller Ruhe gehe ich ins Dorf.
Dort besorge ich mir Stricke und einen Wagen.
Das riesige Tier wird ins Schloss gefahren,
wo ich zum Abendessen eingeladen bin.
Ich wollte das Schwein unbedingt
lebend ins Schloss bringen.
Und das ist mir gelungen.
Herrlich, wie überrascht alle sind!

Kampf mit einem Wolf

Du lieber Himmel, wie oft ich doch Pech habe!
Immer wieder begegne ich gefährlichen Tieren.
Und bin nicht auf sie vorbereitet.
Dieses Mal greift mich im Wald ein Wolf an.
Das Tier stürzt sich auf mich.
Ich drücke ihm meine Faust ins offene Maul.

In meiner Angst drücke ich immer weiter.
Mein Arm verschwindet bis zur Schulter im Wolf.
Was jetzt?
Wie komme ich da wieder raus?
Eine verzwickte Situation. Für uns beide.
Der Wolf und ich schauen uns eine Weile an,
ohne dass etwas passiert.
Wenn ich meinen Arm herausziehe,
wird der Wolf mich fressen.
Das sehe ich in seinen Augen.

Auf einmal weiß ich, was ich tun muss.
Ich wühle im Inneren vom Wolf
und wende sein Inneres nach außen.
Dann lasse ich den Wolf wie einen
ausgezogenen Handschuh liegen.
So kann man gefährliche Tiere also auch
ausschalten, wie man sieht.

Der Hirsch

Rund um Sankt Petersburg gibt es viel Wald.
In den Wäldern leben viele Tiere.
Eines Tages stehe ich
einem prächtigen Hirsch gegenüber.
Leider habe ich keine Kugeln mehr.
Ich habe aber noch Kirschen in der Tasche.
So schnell wie möglich esse ich die Kirschen
und stecke die Kerne in mein Gewehr.
Dann ziele ich auf das Tier und schieße.

Der Hirsch wird an der Stirn getroffen,
mitten zwischen sein Geweih.
Der Hirsch fällt durch den Schuss fast um,
kann sich aber doch aufrecht halten.
Kurz darauf verschwindet er
zwischen den Bäumen.
Schade, denke ich.
Warum habe ich gerade jetzt
keine Kugeln mehr?

Zwei Jahre später bin ich wieder in dem Wald.
Da taucht ein Hirsch aus dem Gebüsch auf.
Es ist derselbe Hirsch!

Er hat einen Kirschbaum
zwischen dem Geweih.
Daran wachsen sogar Kirschen!
Dieses Mal habe ich zum Glück Kugeln dabei.
Mit einem einzigen Schuss töte ich das Tier.

Nicht nur das Fleisch vom Hirsch
schmeckt an diesem Abend köstlich.
Aus den Kirschen lasse ich Branntwein machen.
Ach, wie gut mir alles schmeckt!

Der Bär und der Wodka

Ich erzähle euch gerne eine andere Geschichte.
Ich bin im Wald bei Sankt Petersburg.
Es ist Winter und es ist eiskalt.
Meine Flasche Wodka ist leer,
und ich habe keine Kugeln mehr.
Gerade in diesem Augenblick taucht ein Bär auf.

Ich klettere schnell einen Baum hinauf.
Beim Klettern verliere ich mein Messer.
Oh, was für eine Katastrophe ...
Bären können nämlich gut klettern.

Und ohne Waffe kann mich der Bär töten.
Was mache ich jetzt nur?

Auf einmal habe ich eine sehr gute Idee.
Ich knöpfe meine Hose auf
und pinkle auf mein Messer.
Der warme Strahl gefriert sofort
und bleibt am Messer kleben.
Ich ziehe am gefrorenen Strahl
und hole mir so mein Messer wieder.

Als der Bär den Baum zu mir hinaufklettert,
schlage ich ihm mit dem Messer auf den Kopf.
Der Bär fällt hinunter und rennt brüllend weg.
Ich bin gerettet.
Und ich bin froh,
dass ich so viel Wodka getrunken habe.

Der tollwütige Hund

Manchmal begegnet man auch
in der Stadt wilden Tieren.
In einer schmalen Straße in Sankt Petersburg
kommt mir ein tollwütiger Hund entgegen.

Er hat Schaum vor dem Maul
und bellt fürchterlich.

Tollwütige Hunde sind krank und gefährlich.
Wenn sie einen Menschen beißen,
wird der Mensch verrückt.
Irgendwann stirbt man dann qualvoll.

Ich renne also schnell weg.
Aber meine Pelzjacke ist zu schwer.
Die Jacke ist aus Bärenfell.
Ich ziehe die Jacke aus und renne davon,
so schnell ich kann.
Ohne Verletzung, aber auch ohne Jacke
komme ich zu Hause an.
Ich schicke einen Knecht, um sie zu holen.
Später hänge ich die Jacke wieder in den Schrank.

Am nächsten Tag höre ich den Knecht schreien:
„Mein Gott, die Pelzjacke ist tollwütig!"
Ich eile schnell herbei:
Tatsächlich, alle meine Kleider sind zerrissen.
Ich beobachte, wie die Pelzjacke
meinen schönsten Anzug angreift.
Im Nu liegt der Anzug zerfetzt auf dem Boden.

Ich verstehe sofort, was geschehen ist.
Ich habe meine Jacke auf die Straße geworfen.
Der Hund hat die Jacke gebissen.
Deshalb wurde auch die Jacke tollwütig.

Der Knecht und ich schlagen mit Stöcken
auf die Jacke ein.
Mit ein paar kräftigen Schlägen vertreiben wir
die Jacke aus dem Haus.

Kapitel 3: Erinnerungen an Deutschland

Sechs Hasen und sechs Hunde

Ich habe immer Glück
und kann wilden Tieren entgehen.
Weil ich schlau und stark bin.
Aber auch meine Hunde und Pferde
sind mir dabei eine Hilfe.
In Sankt Petersburg muss ich oft
an meine Hündin in Deutschland denken.

Sie ist mein Lieblingshund. Sie heißt Diana.
Einen besseren Hund habe ich noch nie gehabt.
Sie ist schnell und geht gern mit auf die Jagd.
Wenn wir nachts jagen, dann binde ich
eine Laterne an ihren Schwanz.
So können wir beide alles besser sehen.

Einmal war Diana hinter einem dicken Hasen her.
Diana war damals auch dick,
weil sie Nachwuchs erwartete.
Aber rennen konnte sie trotzdem schnell.

Sie rannte so schnell, dass ich ihr auf dem Pferd
fast nicht hinterherkam.
Auf einmal hörte ich mehrere Hunde winseln.
Und ich hörte eine Art Schnüffeln.
Ich verstand nicht, was ich da hörte.

Aber dann sah ich, was passiert war.
Mein Hund Diana hatte beim Rennen
ihre Jungen bekommen.
Es waren gleich sechs!
Und mit dem Hasen war dasselbe passiert.
Das Verrückte war:
Der Hase hatte auch sechs Junge.
So hatte ich auf einmal sechs junge Hasen
und sechs junge Hunde.
Und das Schöne daran:
Alle Tiere lebten jahrelang glücklich zusammen.

Meine Frau

In Russland muss ich oft an meine Frau denken.
Ach, wie schön sie ist!
Kurz nach unserer Hochzeit wollte sie
mit mir auf die Jagd gehen.

Doch ich passte auf der Jagd
einen Moment nicht auf.
Auf einmal war meine Frau verschwunden.
Ich rief und rief, bekam aber keine Antwort.
Wo war sie nur?

Auf meinem Pferd suchte ich
die ganze Umgebung ab.
Plötzlich hörte ich jemanden leise weinen.
Aber weit und breit war kein Mensch in Sicht.
Ich stieg vom Pferd und legte mich
flach auf den Boden.
Ich drückte mein Ohr auf die Erde und lauschte:
Das Geräusch kam tatsächlich von unten.
Ich erkannte die Stimmen von meiner Frau
und von ihren beiden Dienern.

Nicht weit von dort entdeckte ich eine tiefe Grube.
Es war so eine Grube, in der man Steine
aus dem Boden holt.
Meine Frau und ihre Diener waren
in die Grube gefallen.
Rasch ritt ich ins Dorf, das ganz in der Nähe lag.
Dort gab ich hundert Bauern Geld,
damit sie mitkommen und mir helfen.

Die Grube war sicher fünfzig Meter tief.
Mit einem langen Seil gelang es uns,
meine Frau und die Diener zu retten.
Als Erstes tauchte ein Diener auf.
Und dann der zweite Diener.
Schließlich tauchte meine Frau auf.
Sie saß noch immer weinend auf ihrem Pony.
Sie hatte eine kleine Schramme
auf ihrer hübschen Stirn.
Und einen Knöchel hatte sie sich verstaucht.
Sonst war ihr nichts passiert.
Den Dienern war auch nichts passiert.
Sie konnten wieder dienen.

Mein Jagdhund Diana

Ich muss noch etwas über
meine Hündin Diana erzählen.
Kurz bevor meine Frau in die Grube fiel,
entdeckte Diana ein paar Enten.
Sie blieb stocksteif stehen.
Durch das Unglück mit meiner Frau
hatte ich das ganz vergessen.
Bis ich sie ein paar Wochen später vermisste.

Ich ritt zu der Stelle, wo ich meine Hündin
das letzte Mal gesehen hatte.

Diana stand immer noch da und passte auf,
dieser wunderbare Hund!
Als sie meine Stimme hörte,
kam sie langsam in Bewegung.
Sie rannte auf die Enten zu,
und ich konnte fünf Enten schießen.
Ach, der arme Hund war so dünn geworden!
Ich musste Diana auf meinem Pferd
nach Hause bringen.
Aber das tat ich gerne für meinen treuen Hund.

Einige Tage später war Diana wieder munter.
Dann passierte wieder etwas Seltsames.
Ich war schon seit zwei Tagen
hinter einem Hasen her.
Diana jagte dem Tier immer wieder hinterher.
Aber mir gelang es nicht,
den Hasen abzuschießen.
Obwohl ich doch sehr gut schießen kann.
An Zauberei glaube ich nicht.
Dafür bin ich zu schlau.
Aber mit dem Hasen stimmte etwas nicht.

Eines Morgens rannte er ganz nah
an meinem Pferd vorbei.
Ich konnte ihn fast anfassen.
Das war meine Chance.
Ich schoss ihm eine Kugel in den Kopf.
Na endlich, ich hatte ihn!

Ich schaute mir das tote Tier genauer an.
Voller Erstaunen rief ich aus:
„Du lieber Himmel, was ist das?"
Der Hase hatte vier Beine am Bauch.
Und weitere vier Beine auf dem Rücken!
Wenn er auf der einen Seite müde war,
drehte er sich einfach um.
Deshalb konnte der Hase so schnell laufen.

Ja, die Natur ist voller Rätsel!
Und der Jäger, der gut aufpasst,
erlebt oft eine Überraschung.

Mein litauisches Pferd

In Russland denke ich auch oft
an mein Pferd aus Litauen.
Es ist ein tolles Pferd.
Ich bekam es, weil ich so gut reiten kann.
Das war so:
Ich war zu Besuch bei einem deutschen Grafen.
Er wohnte in einem riesigen Haus
mit viel Land drumherum.
Ich saß im Haus und trank Tee
mit ein paar vornehmen Damen.
Die Herren waren nach draußen gegangen.
Ein junges Pferd war gerade angekommen.
Der Graf hatte das Pferd für viel Geld gekauft.
Alle wollten das Pferd sehen.
Und es bewundern.

Auf einmal hörte ich Geschrei.
Ich rannte schnell hinaus.
Das junge Pferd war noch sehr wild.
Es trat nach allen Seiten aus.
Es versuchte, jeden zu beißen.
Alle schreckten vor dem Tier zurück.
Niemand traute sich, auf ihm zu reiten.

Außer mir natürlich.
Mit einem Satz sprang ich
auf den Pferderücken.
Das Tier erschrak und wurde noch wilder.
Aber ich bin ein sehr guter Reiter.
Das Pferd wollte mich abwerfen.
Aber ich blieb einfach fest im Sattel sitzen.

Nach einer Weile tat das Pferd, was ich wollte.
Ich konnte es mit Leichtigkeit führen.

Die Damen tranken noch immer Tee.
Ich wollte ihnen das Pferd gerne zeigen.
Die Damen wollten nach draußen kommen,
aber das war nicht nötig.

Ich hatte eine bessere Idee:
Ich sprang mit dem Pferd
durch das offene Fenster ins Zimmer.
Dort ließ ich es brav um den Tisch gehen.
Erst im Schritt, dann im Trab und im Galopp.
Aber das reichte mir noch nicht.
Ich sprang mit dem Pferd auf den Tisch.
Dort ließ ich es zwischen dem Tee-Geschirr
noch mal ein paar Runden drehen.

Den Damen gefiel das,
denn das junge Pferd machte nichts kaputt.
Keine einzige Tasse oder Untertasse
war zerbrochen!
Auch der Graf war begeistert.
Zum Dank schenkte er mir das Pferd.

Kapitel 4: Krieg gegen die Türken

Das halbe Pferd

Zar Peter hat Streit mit den Türken.
Das kommt mir gerade recht.
Ich habe Lust, gegen die Türken zu kämpfen.
Ich melde mich beim russischen Heer
und werde Anführer von einer Gruppe Husaren.
Es sind tapfere Männer auf schnellen Pferden.
Ich habe auch ein prächtiges Pferd.
Es ist stark und schnell, und es gehorcht mir.
Ich bin zum Kampf bereit.
Wir werden den Türken schon zeigen,
wer stärker ist!

Beim ersten Kampf gegen die Türken
reite ich voraus. Die Husaren folgen mir.
Auf einmal stürmen die Türken
in einer Staubwolke auf uns zu.
Der dichte Staub nimmt mir die Sicht.
Ich kann nicht sehen, wie viele es sind.
Ich will die Türken verwirren

und teile meine Husaren in zwei Gruppen auf.
So wirbeln wir extra viel Staub auf.

Dann reiten wir geradewegs auf die Türken zu.
Auf einmal verschwinden die Staubwolken.
Dann erst sehen die Türken,
dass wir sie eingekreist haben.
Sie drehen sich um und fliehen
in die Richtung der Stadt Otschakiw.

Wir verfolgen sie.
Wir jagen sie quer durch die Stadt.
Die Türken fliehen durch das Stadttor
am anderen Ende von der Stadt.
Ich sehe, wie sie verschwinden.
Dann halte ich mein Pferd an
und schaue mich um.
Nanu ... Wo sind denn meine Leute?
Wo sind die Husaren geblieben?
Sie können nicht weit sein, denke ich.
Ich reite ruhig zum Brunnen auf dem Marktplatz.
Dort kann mein durstiges Pferd trinken.

Doch es ist merkwürdig:
Das Tier trinkt und trinkt.

Es hört gar nicht auf zu trinken!
Dann sehe ich erst, dass meinem armen Pferd
das Hinterteil fehlt.
Auch die Hinterbeine fehlen.
Als ob jemand es in der Mitte
durchgeschnitten hat.
Aus dem halben Pferd strömt Wasser.
Ja, so geht der Durst natürlich nie weg!

Nur: Warum habe ich nur noch ein halbes Pferd?
Das finde ich auf dem Rückweg heraus.
Als ich durch das Stadttor ritt,
ließen die Türken ein Gitter aus Metall herunter.
Das Gitter hat scharfe Spitzen.
Das Gitter schnitt mein Pferd entzwei.
Und ich habe es nicht bemerkt.

Auf der anderen Seite vom Gitter
liegt die hintere Hälfte von meinem Pferd.
Sie bewegt sich noch.
Hinter dem Gitter stehen auch meine Husaren.
Sie konnten wegen dem Gitter
nicht weiter mit mir reiten.
Deshalb war ich allein in der Stadt.
Ich habe also ganz alleine die Türken verjagt!

Was soll ich denn jetzt mit dem halben Pferd?
Zum Glück ist mein Stalljunge sehr geschickt.
Die beiden Hälften sind noch warm.
Mit Zweigen näht er sie zusammen.
Die Wunde heilt gut.
Und die Zweige schlagen Wurzeln im Pferd.
Die Zweige bekommen Blätter.
Alles wächst und wächst, bis ich
ein Blätterdach über dem Kopf habe.
Jetzt kann ich reiten und bin vor Staub
und Sonne geschützt.
Also auf in den nächsten Kampf!

Der Ritt auf der Kanonenkugel

Beim nächsten Kampf gegen die Türken
greifen wir wieder eine Stadt an.
Die Kanonenkugeln fliegen hin und her.
Unser General will wissen,
wie viele türkische Soldaten in der Stadt sind.
Aber alle Wege in die Stadt sind versperrt.
Niemand weiß also,
wie viele Soldaten es sind.
Auf einmal habe ich eine tolle Idee.

Ich gehe zu einer Kanone und springe auf
die nächste Kugel, die abgeschossen wird.
Und so fliege ich auf der Kugel in die Stadt.

Doch dann frage ich mich:
Was ist, wenn ich mitsamt der Kugel
in der Stadt lande? Was passiert dann?
Sie werden mich an einem Baum aufhängen.
Das ist kein schöner Tod für einen Baron.
Und ganz bestimmt nicht
für den Baron Münchhausen!

Während ich das denke, fliegt aus der Stadt
eine türkische Kanonenkugel auf mich zu.
Ich warte, bis sie an mir vorbeifliegt.
Dann springe ich von einer Kugel auf die andere.
Kurz darauf lande ich wieder
bei meinen Kameraden.

Nein, liebe Freunde, mit diesem Abenteuer
habe ich nichts erreicht.
Aber es ist trotzdem eine schöne Geschichte.

Der ewige Kampf

Ich habe ein Problem.
Bei einem Kampf habe ich sehr oft
mein Schwert benutzt.
So oft, dass mein Arm immer wieder
dieselbe Bewegung macht.
Obwohl der Kampf schon lange vorbei ist.

Für die Menschen um mich herum
ist das gefährlich.
Und für mich auch.
Ich könnte mich selbst verletzen.
Deshalb trage ich meinen Arm jetzt
in einer Armschlinge.
So als hätte ich einen gebrochenen Arm.
Mit diesem Verband halte ich den Arm ruhig.
Aber ich spüre, wie er zappelt und zuckt!

Der Sumpf

Nach dem letzten Kampf will ich
mit meinem Pferd durch einen Sumpf reiten.
Ich bin gerade in der Mitte und merke,
dass der Sumpf tief ist.
Tiefer als gedacht.
Ich versuche umzukehren.
Aber es wird immer schlimmer.
Ich stecke schon bis zu den Ohren im Sumpf.
Ach, das ist wohl mein Ende!

Aber nein, noch nicht.
Mit aller Kraft ziehe ich an meinen Haaren.
Und ziehe mich an den eigenen Haaren
aus dem Sumpf.
Dabei umklammere ich mein Pferd
fest mit den Beinen.
Beide können wir uns so aus dem Sumpf retten.
Und kommen heil auf der anderen Seite an.

Kapitel 5:
Von den Türken gefangen

Zum Mond

Ach, was für ein Pech!
Die Türken haben mich gefangen.
Ich bin jetzt ein Sklave vom Sultan.
Zum Glück habe ich keine schwere Arbeit.
Jeden Morgen muss ich die Bienen vom Sultan
zu einem Blumenfeld bringen.
Dort muss ich den ganzen Tag bleiben.
Abends treibe ich die Bienen
zurück zum Bienenkorb.
Am Gürtel trage ich ein silbernes Beil.
Alle Männer, die im Garten vom Sultan arbeiten,
haben so ein Beil.

Eines Abends fehlt eine Biene.
Wo ist sie bloß?
Dann entdecke ich zwei Bären.
Sie haben sich die Biene geschnappt.
Sie versuchen, ihr den Honig zu stehlen.
Sie wollen das Tier zerreißen.

Ich muss also schnell sein.
Meine einzige Waffe ist das silberne Beil.
Ich werfe es mit aller Kraft in Richtung Bären.
Aber mein Arm macht eine komische Bewegung,
sodass das Beil nach oben fliegt!
Es fliegt höher und höher.
Schließlich landet es auf dem Mond.

Wie bekomme ich jetzt bloß mein Beil wieder?
So ein silbernes Beil kostet viel Geld.
Was ist, wenn ich es nicht wiederbekomme?
Dann gibt mir der Sultan vielleicht
eine viel schwerere Arbeit.
Zum Beispiel in einem Bergwerk
oder als Ruderer auf dem Meer.
Auf einmal fallen mir die türkischen Bohnen
in meiner Tasche ein.
Die habe ich im Garten eingesteckt.
Aus diesen Bohnen werden riesige Pflanzen.

Schnell stecke ich eine Bohne in den Boden.
Und schon schießt die Pflanze aus dem Boden
und schlingt sich um den Mond.
Ich klettere an dem kräftigen Stängel hinauf
und komme sicher auf dem Mond an.

Auf dem Mond suche ich gleich
nach meinem silbernen Beil.
Aber ich kann es nicht finden.
Weil alles auf dem Mond silbern glänzt.
Doch endlich finde ich mein Beil.
Es liegt auf einem Berg aus Stroh.
Jetzt kann ich wieder nach Hause.
Aber die Bohnenpflanze ist längst vertrocknet.
Daran kann ich also nicht mehr
zur Erde hinunterklettern.
Ich muss mir schnell etwas einfallen lassen.

Ich flechte ein Seil aus dem Stroh und binde es
an einem schweren Mondstein fest.
Dann gleite ich am Seil hinunter.
Mit der einen Hand halte ich dabei das Seil fest.
In der anderen Hand habe ich das Beil.

Immer wenn ich am Seilende angelangt bin,
schneide ich das Seil über mir ab
und knüpfe es am unteren Ende wieder fest.
So geht es immer weiter hinab.
Aber das Seil wird durch das viele Schneiden
und Knüpfen immer schlechter.
Wie lange geht das noch gut?

Es sind noch einige Kilometer bis zur Erde.
Ich bin mitten in einer Wolke, als das Seil reißt.
Ich falle und lande hart auf dem Boden.
Dort bleibe ich bewusstlos liegen.

Als ich aufwache, schaue ich mich um.
Durch meinen Aufprall ist
ein neun Meter tiefes Loch entstanden.
Was jetzt?
Wie komme ich aus dem Loch heraus?
Die Lösung ist einfach.
Ich gehe nach Hause und hole eine Schaufel.
Damit grabe ich eine Treppe in die Wand.
Und so kann ich einfach
aus dem tiefen Loch heraussteigen.

Kurz darauf bin ich wieder im Garten
vom Sultan. Niemand hat mich vermisst.
Die Bären und die Biene sind verschwunden.

In der Postkutsche nach Hause

Nicht lange nach meiner Reise zum Mond
schließt die Türkei Frieden mit Russland.
Der Sultan lässt mich frei.

Ich reise mit der Postkutsche nach Deutschland.
Es ist mitten im Winter und es ist eiskalt.
Auch in der Kutsche ist es kalt.
Wir fahren Tag und Nacht.
Die Reise dauert sehr lange,
weil die meisten Wege schlecht sind.

Wir gelangen auf einen sehr schmalen Weg.
Ich bitte den Kutscher, ins Horn zu blasen.
Er soll damit die Kutschen warnen,
die uns entgegenkommen.
Der Mann bläst in sein Horn,
aber es kommt kein Ton heraus.

Der Kutscher ist überrascht und enttäuscht.
Denn er ist ein guter Musiker.
Wie kann das nur sein?
Ich begreife nicht, warum kein Laut
aus dem Horn kommt.

Dann kommt uns eine Kutsche entgegen.
Der Weg ist zu schmal für zwei Kutschen.
Mein Kutscher will die beiden Kutschen
auseinanderbauen und sie ein Stück weiter
wieder zusammensetzen.
Aber das dauert mir zu lange.

Ich steige aus und binde die Pferde los.
Dann krieche ich unter die Kutsche
und stemme mich gegen die Unterseite.
Ich hebe die Kutsche hoch und trage sie
an der anderen Kutsche vorbei.
Dahinter setze ich sie wieder ab.
Dann nehme ich die beiden Pferde
unter den Arm.
Ich trage sie zu meiner Kutsche hinüber
und binde sie wieder daran fest.

Kurze Zeit später fahren wir fröhlich weiter.
Und da ist ja schon die Herberge!
Endlich können wir uns aufwärmen.
Ich setze mich an den Kamin.
Der Kutscher hängt seine Jacke und sein Horn
an einen Nagel an der Wand.
Dann setzt er sich zu mir.

Auf einmal hören wir ein lautes
Tätärätätäää! Tätärätätäää!
Wir schauen uns überrascht um.
Plötzlich verstehe ich,
warum aus dem Horn kein Laut kam.
Der Klang war festgefroren!

Durch die Wärme vom Kamin
taut der Klang jetzt langsam auf.
Jetzt schallt das Horn durch den Raum.
Ach, wie schön die Melodien sind.
Und das, obwohl der Kutscher
sein Instrument nicht einmal berührt!

Ich höre einen preußischen Königsmarsch
und ein liebliches Wiegenlied.
Das Konzert endet mit einem Gebet.
Aus dem Horn klingt eine Stimme, die sagt:
Gott schütze unseren König Georg,
den Fünften von Hannover!
Damit bin ich mit meinen Erzählungen
über meine russischen Abenteuer am Ende.

Kapitel 6: Abenteuer auf See

Das erste Abenteuer auf See

Meine allererste Reise ist eine Schiffsreise.
Ich bin noch jung und begleite
meinen Onkel von Amsterdam nach Ceylon.
Der Bürgermeister von Amsterdam hat uns
diesen Auftrag gegeben.
In Ceylon sollen wir Tee für ihn holen.

Alles geht gut, bis wir in einen Sturm geraten.
Zum Glück haben wir gerade vor einer Insel
den Anker ausgeworfen.
Wir sind also in Sicherheit.

Der Sturm wütet auf der Insel.
Er reißt die Bäume aus dem Boden
und wirbelt sie hoch über die Wolken hinaus.
Ach, wirklich unglaublich!
Aber es wird noch unglaublicher:
Alle Bäume landen nach dem Sturm
wieder an ihrem früheren Platz.

Nur ein Baum landet nicht in seinem alten Loch.
In diesem Baum erntet ein Ehepaar
gerade Gurken.
Die beiden lassen sich vom Sturm
nicht abhalten und pflücken einfach weiter.
Auch auf dem Flug durch die Luft
bleiben beide ganz ruhig.
Obwohl sie der Sonne ganz nah sind!

Durch das Gewicht der beiden fliegt der Baum
in eine andere Richtung.
Er landet im Garten vom Kalifen.
Der Kalif ist der Herrscher im Land.
Er macht gerade einen Spaziergang im Garten,
als der Baum landet.
Der Baum erschlägt den Kalifen.
Der Kalif ist mausetot.

Alle Menschen im Land sind froh
über seinen Tod.
Denn das Volk musste alles tun, was er wollte.
Er ließ die Menschen sogar verhungern.
Die beiden Gurkenpflücker werden
wie Helden gefeiert.
Sie werden die neuen Herrscher im Land.

Allerdings sind ihre Augen und ihr Gehirn
jetzt nicht mehr ganz so gut.
Denn sie sind der Sonne zu nahe gekommen.
Seitdem wird immer gebetet,
wenn jemand eine Gurke isst.
Die Leute sagen dann:
„Gott schütze unsere neuen Kalifen."

Sechs Wochen später legen wir auf Ceylon an.
Im Hafen wird das Schiff mit Tee beladen.
Der älteste Sohn vom Gouverneur begleitet uns.
Der Gouverneur ist der Herrscher auf Ceylon.
Der Sohn ist ein junger Kerl, der gerne jagt.
Einige Tage später darf ich mit auf die Jagd.
Leider ist es sehr warm.
Ich kann nicht mit den anderen mithalten.
Erschöpft bleibe ich an einem Sumpf sitzen.
Ich muss mich eine Weile ausruhen.

Nach einer Weile höre ich hinter mir Gebrüll.
Ich drehe mich um:
Hinter mir steht ein riesiger Löwe!
Mein Gewehr ist nur mit Schrot geladen.
Ich schieße auf den Löwen, aber ihm scheint
der Schrot nichts auszumachen.

Was jetzt? Fliehen!
Rechts neben mir ist ein Abgrund.
Ich höre von tief unten
das Zischen von Schlangen.
Ich drehe mich wieder um.
Nanu?
Ein großes Krokodil mit aufgerissenem Maul
versperrt mir den Weg.
Ich kann nicht an ihm vorbei!

Es scheint keinen Ausweg für mich zu geben.
Hinter mir der Löwe, vor mir das Krokodil,
links ein Sumpf und rechts ein Abgrund
mit giftigen Schlangen.
Ich weiß nicht, was ich tun soll,
und lege mich flach auf den Boden.
Ich erwarte, dass mich ein Tier zerreißt.
Doch es passiert nichts.

Dann höre ich ein komisches Geräusch.
Es klingt, als ob jemand
einen riesigen Fleischkloß im Mund hat.
Langsam hebe ich den Kopf.
Mir bietet sich ein seltsamer Anblick:
Der Löwe machte einen so großen Sprung,

dass er im Maul vom Krokodil landete.
Er ist schon halb im Maul verschwunden.
Ich springe hoch und ziehe mein Messer.
Mit einem einzigen Hieb trenne ich
den hinteren Teil vom Löwen ab.
Danach stoße ich mein Gewehr tief in das Maul
vom Krokodil, bis das Tier erstickt.

Kurze Zeit später erscheint
der Sohn vom Gouverneur.
Er umarmt mich weinend.
Er dachte, ich hätte mich im Dschungel verlaufen.
Überrascht sieht er den toten Löwen
und das tote Krokodil daliegen.
So etwas hat er noch nie gesehen.

Der Gouverneur lässt die toten Tiere
mit einem Wagen abholen.
Aus dem Löwenfell werden Taschen gemacht.
Die Taschen verschenke ich an meine Freunde.
Die Haut vom Krokodil hängt jetzt
im Haus vom Bürgermeister von Amsterdam.
Er war sehr zufrieden mit dem Tee,
den wir ihm mitbrachten.

Das zweite Abenteuer auf See

Ich fahre auf einem englischen Kriegsschiff mit.
Wir segeln nach Amerika.
Mitten auf dem Ozean gibt es
einen gewaltigen Ruck.
Wir sitzen auf einmal fest.
Das Meer ist hier aber 200 Meter tief.

Was ist passiert?
Der starke Aufprall hat uns erschreckt.
Die lange Stange vorne am Schiff
ist abgebrochen.
Das Ruder ist kaputt.
Zwei Masten brachen entzwei
und landeten im Wasser.
Auf einem der Masten saß ein Matrose
auf dem Ausguck.
Er landete drei Kilometer weiter im Meer!
Zum Glück konnte er sich
am Schnabel von einem Pelikan festhalten.
So konnte er wieder an Bord.
Auch ich bekam etwas vom Aufprall ab.
Mit dem Kopf stieß ich gegen die Decke
von meiner Kajüte.

Endlich entdecken wir die Ursache
von dem ganzen Elend: ein riesiger Wal!
Der Wal lag zehn Meter tief im Wasser,
als wir glatt über ihn hinwegfuhren.
Er sonnte sich gerade.
Man kann sehen, wo wir ihn verletzt haben:
Auf der Nase hat er eine tiefe Schnittwunde.

Und jetzt ist das Tier wütend auf uns.
Mit dem Schwanz fegt es das gesamte Deck leer.
Dann schwimmt der Wal nach vorne zum Bug.
Er nimmt den Anker ins Maul
und setzt sich in Bewegung.
Der Wal zieht unser Schiff gute 80 Kilometer
weit hinter sich her.
Das Schiff saust übers Wasser.
Alles geht furchtbar schnell.
Unser Schiff hält das kaum aus.
Das Seil, an dem der Anker befestigt ist, reißt.
Der Wal schwimmt davon –
mitsamt unserem Anker.

Einige Monate später segeln wir
zurück nach Europa.
Da stoßen wir wieder auf den Wal.

Dieses Mal treibt er leblos im Wasser.
Er ist über fünfzig Meter lang.
So ein großes Tier können wir nicht
aufs Schiff hinaufziehen.
Deshalb rudern wir in Booten zum Wal.
Auf dem Wasser schneiden wir
den Wal in Stücke.
Auch den Kopf schneiden wir ab.
Dabei erleben wir eine Überraschung.
Im Maul vom Wal liegt unser Anker!
Und ein großes Stück Seil.
Es liegt aufgerollt unter der Zunge.
Das Seil hat ihn wohl das Leben gekostet.
Denn die Zunge ist schwarz und geschwollen.

Wir segeln weiter.
Viel mehr passiert nicht mehr auf dieser Reise.
Aber halt, da habe ich etwas vergessen.
Als der Wal uns durchs Wasser zog,
gab es ein Leck im Schiff.
Das Wasser ließ unser Schiff fast sinken.
Zum Glück entdeckte ich
das große Loch in der Wand noch rechtzeitig.
Ich hatte eine tolle Lösung:
Ich dichtete das Loch mit meinem Hintern,

ohne die Hose auszuziehen.
Ich habe nämlich holländische Vorfahren.
Und die Holländer wissen,
wie man mit Wasser umgeht.
Nach einer Weile wurde es mir
etwas kalt am Hinterteil.
Also rief ich den Schreiner.
Als er kam, konnte ich gehen.
Ich hatte das Schiff gerettet!

Das dritte Abenteuer auf See

Es ist Sommer.
Ich schwimme gerade im Meer,
als ein Wal auftaucht.
Mit offenem Maul schwimmt er auf mich zu!
Ich kann ihm nicht mehr ausweichen.
Ich tue, was in einer solchen Situation zu tun ist.
Ich mache mich so flach wie möglich.
Ich presse die Arme gegen den Körper.
So rutsche ich durch die Zähne vom Wal
direkt in seinen Magen.
Dort ist es dunkel, aber auch warm.
Nur: Wie komme ich hier wieder heraus?

Nach einer Weile fällt mir etwas ein.
Ich muss dem Tier Schmerzen zufügen.
Dann spuckt es mich vielleicht aus.
Ich springe im Magen auf und ab.
Der Magen ist sogar groß genug,
um ein paar Volkstänze aufzuführen.

Der Wal fängt an zu würgen.
Ich mache noch einen Handstand,
bis das Tier vor Schmerzen brüllt.
Der Wal steht jetzt fast aufrecht im Wasser.
Bis zum Bauch ragt er aus dem Wasser.
Da entdeckt ihn ein italienisches Schiff.
Mit einer Harpune schießen die Matrosen
auf den Wal und ziehen ihn an Bord.

Ich höre, wie die Matrosen miteinander reden.
Sie überlegen, wo sie den Wal aufschneiden.
Kein Tropfen vom wertvollen Fett
darf verloren gehen.
Ich habe Angst, dass sie mich
mit ihren Messern verletzen.
Deshalb stelle ich mich genau in die Mitte
von dem toten Wal.
Dort ist Platz für mindestens zwölf Barone.

Die Männer werden am Schwanz
oder am Kopf anfangen, denke ich.
Aber nein, sie fangen am Bauch an!
Ich höre, wie sich die Messer ins Fleisch bohren.
Auf einmal öffnet sich ein Spalt,
durch den Licht eindringt.
Ich schreie laut.
Die italienischen Matrosen machen
ein erstauntes Gesicht:
Ein Mann, der in Badehose aus dem Wal steigt!

Ich bekomme etwas zu essen und zu trinken.
Nachdem ich meine Geschichte erzählt habe,
springe ich wieder ins Wasser.
Ich will mich waschen, denn ich stinke furchtbar.
Am Strand finde ich meine Kleider wieder.
Ich ziehe mich an und fange an zu rechnen.
Ich glaube, ich war vier oder fünf Stunden
im Magen vom Wal!

Kapitel 7: Wieder bei den Türken

Ein Schaf in einem Ballon

Viele Jahre nach meiner Reise nach Russland
bin ich wieder bei den Türken.
Aber diesmal nicht als Sklave,
sondern als Berater vom Sultan.
Ich wohne in der Stadt Konstantinopel.
In einem schönen Haus mit Blick aufs Meer.

Eines Morgens sitze ich in meinem Boot.
Da erblicke ich etwas Seltsames.
Hoch am Himmel schwebt ein rundes Ding.
Und daran hängt etwas.
Ich greife schnell zu meinem Jagdgewehr.
Ich stecke Kugeln hinein und schieße.
Aber die Entfernung ist zu groß.
Ich stopfe mehr Schießpulver in das Gewehr
und lege sechs Kugeln nach.
Jetzt treffen alle Kugeln.
Das runde Ding reißt auf einer Seite auf.
Und da, es schwebt nach unten!

Ich bin überrascht, als das Ding im Meer landet.
Jetzt sehe ich erst, was es ist.
Es ist ein großer Ballon,
an dem eine Gondel hängt.
Darin sitzt ein Mann in einem weißen Anzug.
Neben ihm liegt ein halbes gebratenes Schaf.
Ich befehle meinen Dienern,
zu dem Mann zu rudern.

Kurz darauf ziehen die Diener den Mann an Bord.
Der Mann bringt zunächst vor Schreck
kein Wort heraus.
Doch endlich erzählt er mir seine Geschichte.
„Ich bin vor sieben Tagen im Süden
von England aufgestiegen“, beginnt er.
„Ich bin Wissenschaftler.
Deshalb habe ich das Schaf mitgenommen.
Ich wollte seine Atmung beim Flug untersuchen.
Mit dem Ballon wollte ich nach London fliegen.
Das ist eine knappe Stunde Flug.“

Aber er landete nicht in London.
Sondern in der Türkei.
„Warum?“, frage ich ihn.
Der Mann sieht mich traurig an.

„Ich konnte nicht mehr sinken.
Denn dafür muss man mit einem Seil
Gas aus dem Ballon lassen.
Aber das Seil riss.
Auf einmal kam auch noch der Wind
aus einer anderen Richtung.
Stellen Sie sich vor:
Plötzlich schwebte ich über der Nordsee.
Ich trieb immer weiter ab,
und der Ballon flog immer höher.
Ich hatte keine Ahnung, wo ich war.
Irgendwann bekam ich Hunger
und musste das Schaf schlachten.
Das war am dritten Tag in der Luft.
Ich war schon am Mond vorbeigeflogen.
Später kam ich der Sonne so nah,
dass meine Augenbrauen anbrannten."

Der arme Mann seufzt tief und erzählt weiter:
„Ich zog dem Schaf die Haut ab
und legte es in die Sonne.
Das Tier war in kurzer Zeit fertig gebraten.
Ich habe seitdem nur von dem Fleisch gelebt.
Aber ... Bin ich jetzt wirklich in Sicherheit?
Ist denn in der Nähe eine Stadt?

Ich nicke und zeige auf die großen Moscheen
und die hohen, schlanken Türme in der Stadt.
Der Mann seufzt wieder auf.
„Herr Baron, ich bin froh,
dass Sie mich heruntergeholt haben.
Sonst müsste ich für immer
zwischen Himmel und Erde schweben."

Ein wichtiger Auftrag

Eines Tages gibt der Sultan mir
einen geheimen Auftrag.
Dafür muss ich auf eine Reise gehen.
Ich ziehe los, mit Pferden, Kutschen und Dienern.

Wir haben gerade Konstantinopel verlassen,
als mir ein kleiner Mann auffällt.
Er rennt unglaublich schnell.
Dabei hängt an jedem Fuß eine Kugel aus Blei,
die mindestens zwanzig Kilo wiegt.
Erstaunt rufe ich ihm zu:
„Freund, warum hast du es so eilig?
Und was schleppst du da für schwere Kugeln
mit dir herum?"

„Ich bin vor einer halben Stunde in Wien
losgerannt“, antwortet der Mann.
„Dort arbeitete ich für einen Edelmann.
Der Mann hat mich aber entlassen.
Ich brauche meine Schnelligkeit also
nicht mehr.
Durch die Kugeln aus Blei laufe ich langsamer.
Denn mein Vater sagte einmal:
Wenn es nicht wirklich nötig ist,
sollte man sich auch nicht beeilen.“

Ich finde, dass der Mann sehr klug ist.
Ich frage ihn, ob er für mich arbeiten will.
Und er sagt ja!

Am nächsten Tag sehe ich
einen anderen Mann im Gras liegen.
Er liegt mit einem Ohr auf dem Boden
und horcht. Warum tut er das?
Hört er Geräusche in der Erde?
„Freund“, sage ich.
„Was hörst du da?“
„Ich höre dem Gras zu, wie es wächst“,
antwortet er.
„Hörst du das Gras wirklich wachsen?“

„Ja, natürlich", antwortet er.
„Aha, dann arbeite doch für mich.
Ich zahle gerne für ein so besonderes Talent."
Der Mann steht auf und schließt sich uns an.

Kurz darauf sehe ich einen Jäger
auf einem Hügel.
Er hat sein Gewehr in den Himmel gerichtet.
Aber dort fliegt nichts.
„Worauf zielst du, Freund?", frage ich ihn.
„Ich sehe nur blauen Himmel."
„Nun ja", sagt der Jäger.
„Auf einem Kirchturm in Amsterdam
saß eine Schwalbe.
Die habe ich gerade abgeschossen."

Ich gehe selbst gerne auf Jagd.
Deshalb frage ich den Jäger,
ob er sich uns anschließt.
Das will er. Gemeinsam reisen wir weiter.

Dann erreichen wir die Berge vom Libanon.
Dort treffen wir auf einen Mann.
Er wickelt ein Seil um ein paar Bäume.
„Freund!", rufe ich. „Was machst du da?"

„Herr“, antwortet er. „Ich brauche Holz.
Aber ich habe mein Beil vergessen.
Also nehme ich dieses Seil.“

Nach diesen Worten zieht er am Seil.
Gut dreißig Bäume fallen um.
Danach stapelt er die Bäume aufeinander,
als wären sie so leicht wie Streichhölzer!
Diesen starken Mann muss ich haben.
Auch er schließt sich uns an.

Als wir die Grenze zu Ägypten überqueren,
zieht ein Sturm auf.
Ich habe Angst, dass er meine Männer,
Pferde und Wagen wegweht.
Links am Wegrand stehen sieben Windmühlen.
Die Windräder drehen sich alle wie wild.
Etwas weiter liegt ein dicker Mann
auf dem Boden.
Mit dem Daumen hält er sich
das linke Nasenloch zu.
Als er sieht, wie schwer uns der Sturm zusetzt,
springt er auf und verbeugt sich tief.
Sofort legt sich der Wind.
Die Mühlenräder stehen still.

Erstaunt spreche ich ihn an.
„Freund, wie ist das möglich?“, frage ich ihn.
„Steckt da der Teufel dahinter?
Bist du vielleicht der Teufel?“

„Ach, vergeben Sie mir, Herr“,
sagt der dicke Mann.
„Ich sorge nur für ein wenig Wind für den Müller.
Ich arbeite für ihn.
Damit die Mühlen keinen Schaden nehmen,
halte ich mir das eine Nasenloch zu.“

Ich frage ihn sofort, ob er für mich arbeiten will.
So ein Mann ist sehr nützlich.
Zum Beispiel wenn ich außer Atem bin,
weil ich so viele Geschichten erzähle.
Der Mann stimmt zu und kommt mit.

Endlich kommen wir in Kairo an,
der Hauptstadt von Ägypten.
Dort erledige ich meinen geheimen Auftrag.
Danach schicke ich alle Diener nach Hause.
Nur die fünf neuen Männer bleiben bei mir.
Mit dieser besonderen Begleitung will ich
weiterreisen.

Ich habe vor, auf dem Fluss Nil
nach Alexandrien zu reisen.

Das Wetter ist wunderbar
und der Fluss fließt ruhig dahin.
Auf einmal aber steigt das Wasser im Nil.
Der Fluss wird immer breiter
und die Ufer verschwinden im Wasser.
Wir wissen nicht mehr, wo der Fluss ist.
Das ganze Land steht unter Wasser!

Eines Abends stecken wir plötzlich fest.
Nicht im Schilf, sondern in den Zweigen
von Mandelbäumen.
Die Bäume hängen voller Mandeln.
Auf einmal fängt es an zu stürmen.
Durch die Wellen schlägt das Boot um.
Das Boot beginnt zu sinken.
Wir schwimmen um unser Leben.
Dann klettern wir auf die Mandelbäume.
Alle sechs.
Glauben Sie mir:
Wir sitzen drei Wochen lang in den Bäumen fest.
Und drei Wochen lang essen wir Mandeln.
So überleben wir.

Endlich geht das Wasser langsam zurück.
Das Land taucht wieder auf.
Wir finden unser Boot, es ist kaputt.
Wir müssen also zu Fuß weiter.

Erst sieben Tage später erreichen wir den Nil.
Der Fluss strömt wieder in seinem Flussbett.
Unterwegs begegnen wir
einem freundlichen König.
Er hört sich unsere Geschichte an
und leiht uns sein Boot.

Sechs Tage später erreichen wir Alexandrien.
Von dort fahren wir zurück
nach Konstantinopel.
Der Sultan empfängt mich sehr freundlich.
Er freut sich, dass ich den Auftrag
so gut erfüllt habe.
Der Sultan hat viele Frauen.
Zur Belohnung darf ich mir
ein paar Frauen aussuchen.
Aber über meine Abenteuer mit Frauen
schreibe ich nie.
Also endet hier meine Geschichte.

Der ungarische Wein

Beim Sultan bin ich sehr beliebt.
Die ganze Zeit lädt er mich zum Essen ein.
Nicht nur mittags, sondern auch abends.
Das Essen ist köstlich, aber mir fehlt der Wein.
Denn der Sultan ist Muslim.
Sein Glaube verbietet es ihm,
Alkohol zu trinken.

Ich würde so gerne ein Glas Wein oder Bier
zum Essen trinken!
Eines Abends entdecke ich,
dass der Sultan auch gerne Wein trinkt!
Er hat einen geheimen Vorrat an Wein.
Der Sultan erzählte mir das,
weil er mich mag und mir vertraut.
Regelmäßig trinken wir jetzt heimlich
ein Glas Wein zusammen.

Eines Abends hat der Sultan
eine besonders gute Flasche Wein ausgewählt.
Zu mir sagt er:
„Münchhausen, du bist Christ und weißt,
was guter Wein ist.

Nun, das ist ungarischer Wein, ein Tokajer.
Das ist der allerbeste Tokajer, den es gibt.
Der beste auf der ganzen Welt.
Ich glaube, so einen guten Wein hast du
noch nie getrunken!“
Sofort schenkt er zwei Gläser Wein ein.
Wir nehmen ein paar Schluck.

„Und?“, fragt der Sultan. „Wie schmeckt er dir?
Habe ich übertrieben?
Mein Wein ist doch der allerbeste Wein, was?“

Ich schaue den Sultan an und sage:
„Es ist tatsächlich kein schlechter Wein.
Aber ich habe in meinem Leben
viel besseren Tokajer getrunken.
Zum Beispiel den Wein, den ich
mit dem österreichischen Kaiser trank.
Ach, das war mal ein guter Wein.“

„Mein lieber Münchhausen“,
antwortet der Sultan.
„Es gefällt mir, dass du ehrlich bist.
Aber du kannst niemals besseren Tokajer
getrunken haben als diesen.

Ich bekam diese Flasche von einer
sehr wichtigen Person aus Ungarn.
Die fand auch, dass dieser Tokajer
der beste Wein überhaupt ist."

„Das ist Geschwätz, Eure Hoheit",
sage ich zum Sultan.
„Nichts als Geschwätz.
Ich möchte wetten, dass ich einen viel
besseren Tokajer besorgen kann.
Ich brauche nur eine Stunde dafür.
Ich lasse den Wein aus dem Weinkeller
vom Kaiser in Wien kommen."

Der Sultan ist blass im Gesicht.
„Was sagst du da?
Du willst mir wohl einen Streich spielen."

„Nein, überhaupt nicht, Eure Hoheit.
Gebt mir eine Stunde."

„Münchhausen, Münchhausen",
meint der Sultan.
„Ich habe dir immer vertraut.
Aber jetzt glaube ich doch, dass du lügst."

So etwas hat noch nie jemand zu mir gesagt!
Aber ich bleibe ruhig.
„Eure Hoheit“, sage ich zum Sultan.
„Es geht um eine Wette.
Wenn ich mein Versprechen nicht halte,
könnt Ihr mich enthaupten lassen.
Das ist mein Einsatz.
Und was ist Ihr Einsatz?“

Der Sultan schüttelt langsam den Kopf.
Dann antwortet er:
„Es ist fast drei Uhr.
Wenn die Flasche um vier Uhr nicht hier
auf dem Tisch steht, kostet dich das den Kopf!
Ich meine es ernst.
Denn ich will nicht,
dass mir jemand Streiche spielt!
Aber wenn es dir gelingt ...
Dann bekommst du Gold und Edelsteine
aus meiner Schatzkammer.
Und zwar so viel du tragen kannst.“

Ich lasse mir Feder, Tinte und Papier bringen.
Ich schreibe dem Kaiser in Wien
den folgenden Brief:

Majestät,
in Eurem Weinkeller haben wir
einen Tokajer getrunken.
Könnt Ihr dem Mann,
der Euch diesen Brief bringt,
eine Flasche für mich mitgeben?
Vielen Dank!
Hochachtungsvoll
Euer Baron Münchhausen

Es ist inzwischen fünf nach drei.
Ich gebe den Brief meinem schnellen Diener.
Er rennt sofort los – aber natürlich
ohne die schweren Kugeln an den Füßen.
Der Sultan und ich sitzen noch am Tisch,
auf dem die halbvolle Flasche Tokajer steht.

Schweigend trinken wir die Flasche leer.
Es ist halb vier.
Noch immer sitzen wir schweigend da.
Viertel vor vier.
Jetzt werde ich doch ein bisschen nervös.
Der Sultan schaut ab und zu lächelnd zur Tür.
Wartet er auf meinen Henker?
Zum Glück darf ich in den Garten.

Aber zwei Wächter passen auf mich auf.
Ich gehe etwas im Garten umher.
Dann rufe ich zwei meiner Diener:
den Mann, der das Gras wachsen hört,
und den Jäger.
Ich frage sie, wo der schnelle Mann bleibt.
Der Mann mit den guten Ohren legt sein Ohr
an den Boden.
Er sagt, der schnelle Mann ist eingeschlafen.
Er hört ihn weit weg leise schnarchen.
Mein Jäger klettert sofort
auf einen Turm im Palast.
Er stellt sich auf die Zehenspitzen und ruft dann:
„Du lieber Himmel.
Der schnelle Mann liegt in der Nähe
von Belgrad unter einer Eiche.
Neben ihm liegt die Weinflasche vom Kaiser!"

Was nun? Zum Glück hat der Jäger eine Idee.
„Ich werde die Schlafmütze
ein bisschen kitzeln", ruft er.
Er schießt eine Ladung Schrot in die Eiche.
Der Mann unter dem Baum wird
von einer Ladung Eicheln getroffen.
Er wacht auf und fängt an zu rennen.

Weil er Angst hat, zu spät zu kommen,
läuft er schneller als sonst.
Genau dreißig Sekunden vor vier Uhr
kommt er im Palast an.
Er gibt mir einen Brief vom Kaiser
und stellt die Flasche auf den Tisch.

Der Sultan schenkt sich ein.
Er nimmt einen Schluck und dann noch einen.
Er macht ein glückliches Gesicht.
„Münchhausen, das ist wirklich
unglaublich guter Wein.
Es ist sicher nicht schlimm,
wenn ich die Flasche alleine trinke.
Du kannst dir in Wien ja schnell
eine neue Flasche besorgen."

Mit diesen Worten nimmt er die Flasche
und stellt sie in den Schrank.
Dann ruft er seinen Schatzmeister.
„Freund", sagt er zum Schatzmeister.
„Ich befehle dir, dem Baron
Gold und Diamanten zu geben.
So viel, wie sein stärkster Diener tragen kann.
Geh!"

Der Mann rennt zur Schatzkammer.
Der Sultan schüttelt mir die Hand.
Wir verabschieden uns.
Ich rufe sofort meinen stärksten Diener.
Er nimmt aus der Schatzkammer
fast alle Goldbarren und Diamanten mit.
Danach gehen wir schnell zum Hafen
und mieten das größte Schiff.
Wir laden das Gold und die Diamanten ein
und segeln los.

Es ist gut, dass wir so schnell verschwunden sind.
Denn der Schatzmeister erzählt
dem Sultan, dass mein Diener
die Schatzkammer ausgeräumt hat.
Der Sultan bereut sein Versprechen
und ist wütend.
Eine halbe Stunde später sind alle Schiffe
vom Sultan hinter mir her.

Die türkischen Schiffe kommen immer näher.
Ich denke an den Henker.
Ich bekomme ein wenig Angst.
Aber da kommt mir mein Diener zu Hilfe,
der so gut blasen kann.

„Baron“, sagt er zu mir.
„Machen Sie sich keine Sorgen.“

Er stellt sich hinten aufs Schiff und zielt mit
einem Nasenloch auf die türkischen Schiffe.
Mit dem anderen Nasenloch zielt er
auf unsere eigenen Segel.
Dann bläst er.
Alle türkischen Schiffe werden mit
zerbrochenen Masten und gerissenen Segeln
in den Hafen zurückgetrieben.
Und wir haben den Wind in den Segeln
und sind im Nu an der italienischen Küste.

Hier sind wir in Sicherheit.
Aber von meinem Schatz habe ich nicht viel.
In Italien gibt es so viele Bettler und Räuber,
dass mir fast nichts bleibt.
Von dem Gold und den Diamanten
ist kaum noch etwas übrig.
Und mein letztes Gold gebe ich gerne an die,
die es nötiger brauchen als ich.

Kapitel 8: Zum Schluss noch ein paar Abenteuer auf See

Der Seehund und die Rebhühner

Auf einem englischen Kriegsschiff fahre ich
von England nach Indien.
Mein Jagdhund ist bei mir.
Ich mag den Hund sehr und lasse ihn nie allein.
Wir haben schon viele Abenteuer
zusammen erlebt.
Er kann vor allem gut Vögel jagen.
Vor allem Rebhühner.

Wir sind irgendwo auf dem Ozean, als mein
Hund auf einmal stocksteif stehen bleibt.
Als ob er wilde Tiere riechen würde.
Das ist natürlich unmöglich.
Wir sind mitten auf dem Meer!
Aber mein Hund rührt sich stundenlang
nicht von der Stelle.
Ich sage zum Kapitän,
dass es in der Gegend Rebhühner geben muss.

Der Kapitän lacht mich aus.
Er meint, dass das unmöglich ist.
Ich bin da anderer Meinung.
Und ich sage zu ihm, dass ich meinem Hund
mehr vertraue als allen Seeleuten zusammen.
Das ist nicht nett von mir.
Aber ich bin von meiner Sache überzeugt.
Ich möchte mit dem Kapitän
eine Wette abschließen.
Ich sage: „Innerhalb einer halben Stunde
sehen wir Rebhühner.
Ich setze hundert englische Pfund ein.“

Der Kapitän denkt, dass ich verrückt bin.
Schnell holt er den Schiffsarzt.
Dieser misst meinen Puls und sagt:
„Der Baron ist vollkommen gesund, Kapitän.“

Der Arzt und der Kapitän entfernen sich
ein Stück von mir.
Sie flüstern, damit ich nicht hören kann,
was sie sagen.
Aber ich habe glücklicherweise gute Ohren.
Ich verstehe alles, was sie sich zuflüstern.
„Er ist verwirrt“, meint der Kapitän.

„Mit so jemandem kann man nicht
um Geld wetten. Das ist nicht fair."

„Nein, der Baron weiß, was er tut",
meint der Arzt.
„Ich finde, man muss ihm eine Lektion erteilen.
Wer vertraut seinem Hund schon mehr
als englischen Seeleuten?
Das ist eine Schande."

Mein Hund steht immer noch stocksteif an Deck.
Er hält die Nase hoch in die Luft.
Jetzt bin ich mir ganz sicher:
Der Hund riecht Jagdbeute!

Ich gehe zum Kapitän und schlage ihm
erneut eine Wette vor.
Nun nimmt der Kapitän die Wette an.
Wir schütteln uns die Hände.

In diesem Moment fangen die Matrosen
einen riesigen Seehund.
Sie ziehen das Tier an Bord
und schneiden ihm den Bauch auf.
Und was sehen wir da?

Sechs lebende Rebhühner!
Die armen Vögel müssen schon eine Weile
im Seehund gefangen sein.
Denn einer hat inzwischen fünf Eier gelegt.
Gerade in diesem Moment schlüpft
ein kleines Rebhuhn.

Und kurz darauf alle anderen auch.
An Bord werden die Küken gut versorgt.
Vier Rebhühner sind Weibchen.
Die werden wieder Eier legen.
Und dann haben wir noch mehr Küken!
Deshalb essen wir bald jeden Tag
auf unserer Reise Rebhuhn.

Die Wette habe ich natürlich gewonnen.
Hundert Pfund kann ich gut gebrauchen.
Auch mein Hund wird belohnt.
Jeden Tag bekommt er die Knochen
von den Rebhühnern.
Und manchmal bekommt er sogar
ein halbes Huhn.

Die zweite Reise zum Mond

Ich war ja schon einmal auf dem Mond.
Das war aber eine andere Geschichte.
Damals musste ich mir
mein silbernes Beil zurückholen.
Aber von meinem zweiten Besuch möchte ich
jetzt etwas mehr erzählen.

Ihre erste Frage lautet natürlich:
Warum denn noch eine Reise zum Mond?
Das möchte ich Ihnen erklären.
Mein Onkel ist fest davon überzeugt,
dass auf dem Mond Riesen wohnen.
Er bat mich, mich noch einmal dort umzuschauen.
Und ihm dann von meinen Entdeckungen
zu erzählen.

Mein Onkel ist sehr reich
und zahlt gut für diesen Auftrag.
Deshalb nehme ich seinen Auftrag an.
Das werden Sie jetzt verstehen.
Ich miete mir also ein Schiff für die Reise.
Bis zum Stillen Ozean geht alles gut.
Es passiert nichts Besonderes.

Wir sehen nur ein paar fliegende Menschen.
Sie tanzen hoch oben am Himmel.
Doch das finde ich nicht besonders spannend.

Am 18. Tag meiner Reise passiert jedoch etwas.
Ein Sturm zieht auf.
Er bläst das Schiff tausend Kilometer
hoch in die Luft.
Über sechs Wochen fliegen wir mit dem Wind
in den Segeln durch die Luft.
Bis vor uns eine runde, glänzende Insel
auftaucht. Der Mond!

Wir legen im Hafen vom Mond an
und gehen an Land.
Tatsächlich gibt es hier Lebewesen.
Sie sind riesig.
Die Mondbewohner bewegen sich
auf großen Vögeln fort.
Das sind Geier mit drei Köpfen.
Auf der Erde reiten wir auf Pferden.
Und auf dem Mond reitet man eben auf Geiern.

Auf dem Mond ist übrigens alles sehr groß.
Eine Mücke ist so groß wie bei uns ein Schaf.

Die Mondbewohner führen wie wir auch Krieg.
Der Herrscher vom Mond kämpft oft
gegen die Sonne.
Die Waffe, die die Mondbewohner am
häufigsten verwenden, ist die Karotte.
Sie verwenden die Karotte wie einen Speer.
Sie treffen damit immer.
Wenn man von einer Karotte getroffen wird,
stirbt man.
Ist die Karotten-Saison vorbei?
Dann nehmen sie Spargel.
Als Schild dienen riesige Champignons.

Nicht nur Erdbewohner besuchen den Mond.
Auch Besucher vom Stern Sirius sind hier.
Sie kommen und machen Geschäfte
mit den Mondbewohnern.
Die Sirius-Menschen haben Gesichter wie Hunde.
Wie Bulldoggen, um genau zu sein.
Die Augen befinden sich auf den Nasenflügeln.
Wenn sie schlafen, bedecken sie die Augen
mit der Zunge.
Die Sirius-Menschen sind etwa zehn Meter groß.
Doch die Mondbewohner sind noch viel größer.
Die Erwachsenen sind gut vierzig Meter groß.

Essen interessiert die Mondbewohner nicht so.
Sie haben eine Tür im Körper.
Dort werfen sie das Essen hinein.
Und zwar gleich für einen ganzen Monat!
Wenn ein Monat vorbei ist, öffnen sie die Tür
und werfen wieder Essen hinein.
In einem einzigen Jahr brauchen sie also
nur zwölf Mahlzeiten.
Ach, wie schlicht und sparsam das ist!
Wir Menschen können uns ein Beispiel
an den Mondbewohnern nehmen.

Die Mondbewohner kennen keine Liebe.
Denn es gibt keine Männer und Frauen.
Es gibt nur eine Sorte Mensch.
Das macht die Sache ziemlich einfach.

Auf dem Mond wächst alles auf Bäumen.
Auch Menschen und Tiere.
Der Menschenbaum hat gerade Äste.
Die Blätter haben die Farbe von Fleisch.
Am Baum hängen Nüsse
mit einer sehr harten Schale.
Wenn die Nüsse reif sind,
werden sie vorsichtig gepflückt.

Nach einer Weile wirft man sie
in einen großen Kessel mit kochendem Wasser.
Nach ein paar Stunden löst sich die Schale.
Ein lebender Mensch kommt zum Vorschein.

Diese Menschen können alle sofort
ihren Beruf ausüben.
Aus einer Nuss kommt also ein Soldat,
aus einer anderen ein Bauer.
Oder ein Philosoph oder ein Anwalt.
Alle machen sich gleich an die Arbeit.
Das einzige Problem ist:
Niemand weiß vorher,
was aus den Nüssen kommt.
Das müssen die Fachleute auf dem Mond
noch herausfinden.

Sterben ist auf dem Mond auch
ganz einfach geregelt: Niemand stirbt.
Wenn das Leben vorbei ist, lösen sich
die Mondbewohner einfach in Luft auf
und verschwinden.
Sie kommen ohne Wasser aus.
Deshalb trinken sie auch nicht.
An jeder Hand haben sie nur einen Finger.

Aber damit können sie eine Menge machen.
Mehr als wir mit fünf Fingern an einer Hand.

Und dann noch etwas zu ihren Köpfen.
Die tragen sie unter dem rechten Arm.
Wenn sie unterwegs viel mit den Armen tun
müssen, lassen sie den Kopf zu Hause.
Doch der Kopf denkt immer mit,
auch wenn der Körper weit entfernt ist.
Zwischen dem Kopf und dem Körper
ist ständiger Kontakt.

Doch da ist noch etwas mit dem Kopf:
Manchmal haben die Mondbewohner
keine Lust, das Haus zu verlassen.
Aber sie möchten trotzdem immer
gut informiert sein.
Dann schicken sie einfach
den Kopf nach draußen.
Der Rest bleibt zu Hause.
Hat der Kopf alle Neuigkeiten gehört,
ruft der Besitzer seinen Kopf zurück ins Haus.

Interessant ist auch, dass die Mondbewohner
den Bauch als Tasche benutzen.

Sie stopfen alles Mögliche hinein
und können ihn einfach öffnen und schließen.
Ihr Bauch ist nämlich ansonsten leer.
Kein Herz, keine Lunge, nichts.
Und weil es keinen Unterschied zwischen
Mann und Frau gibt, sind alle nackt.

Zum Schluss etwas zu den Augen.
Die Mondbewohner können die Augen
aus dem Kopf nehmen.
Sie halten das Auge in der Hand,
während es sich umschaut.
Zerbricht ein Auge oder geht es verloren?
Dann kaufen sie einfach ein neues Auge.
An allen Straßenecken werden Augen verkauft.
Die Verkäufer haben ganz
unterschiedliche Augen.
Denn die Mode ändert sich schnell auf dem Mond.
Wenn an einem Tag braune Augen in Mode sind,
sind es am nächsten Tag blaue.

Liebe Freunde, ich fürchte, dass manche von
Ihnen diese Geschichte etwas verrückt finden.
Und vielleicht zweifeln Sie dann an mir.
Das fände ich schlimm.

Aber zu den Zweiflern sage ich:
Reisen Sie selbst zum Mond und prüfen Sie,
ob meine Geschichten stimmen!
Dann werden Sie mit eigenen Augen sehen,
dass alles wahr ist.

Der weinende Bär

Ich wiederhole hier noch einmal:
Ein Reisender muss die Wahrheit sagen.
Das gilt auch für mein letztes Abenteuer auf See,
von dem ich Ihnen jetzt erzähle.

Mit unserem Schiff sind wir unterwegs
nach Russland.
Doch auf einmal ist das Wasser pechschwarz.
Wie ist das möglich?
Wir füllen einen Eimer mit dem Wasser.
Dann trinken wir vorsichtig davon.
Es ist reiner Wein!
Die Matrosen möchten sofort mehr davon.
Am liebsten ganze Eimer voll.
Aber ich verbiete ihnen das.
Denn ein Betrunkener kann kein Schiff steuern.

Einige Stunden später ist das Meer
wieder blau wie vorher.
Doch plötzlich sind wir umgeben
von riesigen Walen.
Einer von ihnen schwimmt nah ans Schiff heran.
Er öffnet das Maul und verschluckt
das ganze Schiff.
Als wäre unser Schiff so klein wie eine Tablette!

Wir befinden uns schon eine Weile im Maul,
als sich das Maul wieder öffnet.
Der Wal trinkt Wasser.
Mit dem Wasser wird unser Schiff
in den Magen gespült.
Wir werfen den Anker.
Du lieber Himmel,
wie warm und feucht es hier ist!

Weil es so dunkel ist, zünden wir Fackeln an.
Um uns herum liegen Anker, abgebrochene
Masten, Ruderboote und andere große Schiffe.
Zweimal pro Tag liegen wir auf dem Trockenen.
Sonst treiben wir auf dem Wasser.
Das hängt immer davon ab, wie viel Wasser
der Wal trinkt.

Das ist jedes Mal so viel wie das ganze Wasser
im Genfer See.
Als es wieder einmal trocken ist im Magen,
mache ich einen Rundgang mit dem Kapitän.

Wir nehmen Fackeln mit.
Etwas weiter hinten im Magen entdecken wir
über zehntausend Menschen!
Sie besprechen gerade, wie sie am besten
von hier fliehen können.
Manche von ihnen sind schon seit Jahren hier.
Sie haben schon viele Besprechungen gehabt.
Aber niemand hat wirklich eine Lösung.

Doch ich habe eine gute Idee.
Dafür müssen wir die beiden größten
abgebrochenen Masten nebeneinanderstellen.
Wenn der Wal das Maul aufmacht,
schieben wir die Masten ins Maul.
Dann kann der Wal es nicht mehr schließen.
Und wir können so entkommen.
Allen gefällt mein Plan.
Manche springen vor Freude in die Luft.
Hundert starke Männer suchen
die größten Masten aus. Alle sind bereit.

Da! Das Tier öffnet sein riesiges Maul.
Sofort rammen wir die Masten
zwischen die Kiefer.
Jetzt kann der Wal sein Maul nicht mehr
zumachen. Und wir können fliehen.

Später auf hoher See genießen wir
den Sonnenschein.
Denn wir haben zwei Wochen
im Dunkeln zugebracht.
Hintereinander fahren alle Schiffe
aus dem Bauch vom Wal.
Insgesamt waren dort 35 Schiffe gefangen!
Schiffe aus vielen verschiedenen Ländern.
Fröhlich nehmen wir Abschied voneinander.
Aber die beiden Masten lassen wir
im Maul vom Wal stecken.
Wir möchten nicht, dass noch mehr Seeleute
verschluckt werden.

Endlich erreichen wir die Küste von Russland.
Und da ist Sankt Petersburg,
wo ich so viele Abenteuer erlebt habe.
Ich gehe als Erster an Land.
Sofort rennt ein Bär auf mich zu.

Ich nehme seine Tatze in die Hand
und schüttle sie herzlich.
So herzlich, dass der Bär zu weinen anfängt.
Aber ich lasse mich nicht täuschen.
Ich schüttle und schüttle, bis der Bär
an einem gebrochenen Herzen stirbt.
So tief sind die Gefühle bei meiner Rückkehr
nach Russland!

In Sankt Petersburg schenken mir
meine Freunde einen Jagdhund zur Begrüßung.
Dieser Hund ist mit meinem
berühmten Jagdhund Diana verwandt.
Der Hund, der während der Jagd
sechs Junge zur Welt brachte.
Diese Geschichte habe ich ja schon erzählt.

Leider hat ein anderer Jäger
Diana aus Versehen erschossen.
Aus ihrem Fell habe ich eine Jacke
machen lassen. Die trage ich noch heute.
Die Jacke ist etwas Besonderes.
Sie bringt mich immer dorthin,
wo wilde Tiere sind.
Ist Wild in Sicht?

Dann schieße ich einen Knopf von der Jacke ab.
Jetzt hat die Jacke nur noch drei Knöpfe.
Aber für die nächste Jagd lasse ich
zwei neue Knopfreihen nähen.

Und wenn mich jemand nach der Jagd besucht?
Dann wird er zufrieden sein.
Denn ich habe bestimmt etwas Gutes
zu essen für meinen Besuch.

Wörterliste

Seite 15: adlig
vornehm, aus einer edlen Familie

Seite 15: Wodka
ein Schnaps

Seite 15: Branntwein
ein Schnaps

Seite 27: tollwütig
Tollwut ist eine Virus-Krankheit. Tiere und Menschen können Tollwut bekommen.
Ein tollwütiges Tier verhält sich anders als normal, oft angriffslustig.
Die Krankheit wird meist durch einen Biss übertragen.

Seite 31: Nachwuchs erwarten
schwanger sein

Seite 32: winseln
Wenn Hunde hohe, leise klagende Laute von sich geben, winseln sie.

Seite 41: Zar
Herrscher im früheren Russland

Seite 41: Husar
Soldat auf einem Pferd, zum Beispiel in Ungarn, Rumänien und anderen Ländern

Seite 42: Otschakiw
eine Hafenstadt in dem Staat Ukraine

Seite 49: Sultan
weltlicher Herrscher in einem islamischen Land

Seite 53: Postkutsche
Früher wurde die Post mit Kutschen befördert.

Seite 53: Horn
Blasinstrument aus Blech

Seite 54: Herberge
einfaches Gasthaus

Seite 55: preußisch
Die Preußen oder das Land Preußen betreffend; Preußen war früher ein Land an der Ostsee.

Seite 57: Ceylon
Insel, die seit 1972 Sri Lanka heißt

Seite 58: Kalif
religiöser Herrscher in einem islamischen Land

Seite 59: Gouverneur
Beamter, der über ein bestimmtes Gebiet regiert

Seite 59: Schrot
Gewehrladung aus lauter kleinen Bleikugeln, wird oft bei der Jagd verwendet

Seite 62: Ausguck
Beobachtungsplatz (an erhöhter Stelle) auf einem Schiff

Seite 63: Kajüte
Wohn- und Schlafraum auf einem Schiff

Seite 66: Harpune
ein Speer zum Fangen von Tieren im Wasser

Seite 69: Konstantinopel
früherer Name von der Stadt Istanbul (Türkei)

Seite 73: Edelmann
ein adliger Mann

Seite 74: Libanon
Staat am Mittelmeer, zwischen Syrien und Israel

Seite 77: Alexandrien
zweitgrößte Stadt von Ägypten

Seite 79: Muslim
jemand, der an die Religion Islam glaubt

Seite 81: Eure Hoheit
Höfliche Anrede für adlige Herrscher. Man sagt dann nicht „Sie“, sondern „Euch“.

Seite 82: enthaupten
den Kopf vom Körper abtrennen, köpfen

Seite 82: Feder
Früher schrieb man mit einer Feder, meistens von Gänsen

Seite 83: Henker
Mann, der eine Todesstrafe vollstreckt

Seite 85: Schatzmeister
Mann, der Geld und Schmuck verwaltet, zum Beispiel für einen König

Seite 91: Lektion erteilen
jemanden belehren, ihm oder ihr etwas zeigen

Seite 93: Stiller Ozean
größter und tiefster Ozean auf der Erde, auch Pazifik oder Pazifischer Ozean genannt